跟孩子在一起

养育孩子的100个关键点

尚致胜 田茹·著

中国纺织出版社有限公司

内 容 提 要

　　教育的核心是培养孩子健康的人格，教育的前提是了解人成长的天性。本书从自信、沟通、情商、逆商、社交、目标、潜能、毅力、生活习惯、青春期等10大关键领域着眼，收集整理了100个常见的教育问题，以期帮助家长朋友找到孩子行为背后的真正动机，让家长们学会用正确的方法来支持、接纳、理解、尊重孩子。

图书在版编目（CIP）数据

　　跟孩子在一起：养育孩子的100个关键点 / 尚致胜，田茹著．-- 北京：中国纺织出版社有限公司，2021.8
　　ISBN 978-7-5180-8646-7

　　Ⅰ．①跟… Ⅱ．①尚… ②田… Ⅲ．①家庭教育 Ⅳ．①G78

　　中国版本图书馆CIP数据核字（2021）第120343号

责任编辑：顾文卓　　特约编辑：王蕙莹
责任校对：寇晨晨　　责任印制：何　建

中国纺织出版社有限公司出版发行
地址：北京市朝阳区百子湾东里A407号楼　邮政编码：100124
销售电话：010—67004422　传真：010—87155801
http://www.c-textilep.com
中国纺织出版社天猫旗舰店
官方微博 http://weibo.com/2119887771
三河市宏盛印务有限公司印刷　各地新华书店经销
2021年8月第1版第1次印刷
开本：710×1000　1/16　印张：15.5
字数：172千字　定价：49.80元

前言

古人有云：骨肉之爱，不可以简。意思是：骨肉之间要亲爱，不能过于简慢。教育孩子自古都是一件大事、要事，这在每个家庭中都是毋庸置疑的。在物质文明已然发达的今天，教育却又成了社会的大问题、难问题。从国家政策到社会民生、从家庭到学校到社会，教育渗透在每个细微的角落，并作用于每个未知的发生里。

2020年10月13日中共中央、国务院印发了《深化新时代教育评价改革总体方案》，提出党的最新教育方针：坚持教育为社会主义现代化建设服务、为人民服务，把立德、树人作为教育的根本任务，全面实施素质教育，培养德智体美全面发展的社会主义建设者和接班人，努力办好人民满意的教育。方案坚持以立德树人为主线，紧扣破除"唯分数、唯升学、唯文凭、唯论文、唯帽子"的顽瘴痼疾。

教育不是应试的，教育不是空谈的。

教育，是以现有的经验、学识推敲于人，使其以相对成熟或理性的思维来认知和行为。人有自我意识上的思维，又有其自我的感官维度，任何教育性的意识思维都未必能够绝对正确。所以，教育当以最客观、最公正的意识思维教化于人，使其形成积极正向的人生观，这才是教育的根本所在。

　　著名教育学家陶行知先生提出"生活即教育"。教育不通过生活毫无用处，而过什么样的生活就是在受什么样的教育。学生的生活一来自家庭、二来源学校，如果您是一名孩子家长或是一名教育工作者，深感荣幸能与您共同探讨孩子成年前常遇到的问题，不仅希望读者朋友能作用于生活教育，也非常希冀您以同样的态度与方式看待（对待）每一个遇到的"小天使"，他们是祖国的未来。

　　成人比成才更重要，相信正在阅读此书的您也深表认同。无论是国家教育方针对素质教育的进一步深化改革，还是社会中因为人格不完整而酿成的一系列痛心疾首的事故，无不在提醒我们这一个事实——想成才，先成人。同时，相信越来越多的家长朋友也更有共鸣——欲望子成龙，先育其人格。在全人格教育走进越来越多家庭/学校的过程中，我们发现其实教育孩子难也不难，取决于我们抱持何种心态、付诸何种方式。当总结出常见的教育孩子的难题，就会觉察其实每一个看似负面的行为背后都有其正面动机还在等待我们作为父母去了解。

　　这本书罗列出100个常见的教育问题，从发现动机到解决方案给予呈现，当您遇到某个难题无从下手时，也许这本书会给您点亮一盏明灯。当然，每个孩子都有独一无二的美好，并不是每一条都适应每一个孩子，建议您择其需而用。

　　只有当孩子对未来充满希望和喜悦时，教育才成为可能。希望有更多的父母和老师能够早点读到这本书，给予孩子积极和恰当的引导，帮助他们形成健康的人格。多一些拥有幸福童年的人，社会也就会更加和谐，生活也就会更加幸福。

目 录
Contents

Chapter 1 自 信

> 孩子自信心缺乏与父母的"打击教育"息息相关，孩子得不到理解和关爱自然就变得垂头丧气，严重者甚至性格变得胆小懦弱。
>
> 家庭是帮助孩子建立自信心最好的地方，但是现在的父母都有工作，没有足够的时间陪伴孩子；或者父母自身没有完善的建立自信心的机制。
>
> 成功是建立在对外在世界的观点和态度上的，拥有"我能做到"的自信心比智商重要得多。父母给孩子最好的礼物就是帮孩子树立自信心，没有什么比这更有意义。

Chapter 2 沟 通

孩子不愿沟通代表着他觉得不够安全，即使开口说话也会被父母否定，索性拒绝沟通。有些孩子甚至会用说谎、说狠话来掩饰自己内心的不安全感。不懂得沟通和交流的孩子想取得成功会有很大的阻碍，他不懂得如何表达自己的想法。有效的沟通可以加速孩子的心智成长，帮助他们成为一个独立和自信的人。

沟通是解决问题、获得知识和接受他人的关键，不掌握这项技能会降低孩子成功的可能，而家长是孩子和外界建立良好沟通的最重要的引导者。

Chapter 3 情 商

提高情商的基础是培养自我意识，从而增强理解自己及表达自己的能力。孩子与孩子之间的情商并没有明显的先天差别，更多与家长后天的培养息息相关。

在升学压力下，家长总是不惜花费大量时间、精力、金钱对孩子进行教育投资，结果却经常达不到预期效果，反而导致孩子厌学、学习独立性差、任性自私等。近几年，孩子因学业压力、与父母沟通问题而选择离家出走、自杀的现象频频出现。

提高情商是将不能控制的情绪部分变为能控制的情绪，从而增强理解他人及与他人相处的能力。为了让孩子能拥有一个成功快乐的人生，家长要积极培养孩子的情商。

Chapter 4 逆 商

孩子内心敏感而又脆弱，经受一点挫折就一蹶不振，经历一点失败就退缩不前，自尊和自信经不起一点波折，这些都是孩子逆商低下的表现。对失败和挫折的心理承受能力不够，孩子会出现焦虑抑郁等情绪，家长如若没有及时的发现并沟通排解，很多孩子都会非常痛苦。所以，培养孩子逆商对于家长而言是多么的重要，让孩子有能力去积极地面对失败和挫折，弄清楚失败的原因并想办法去解决。

Chapter 5 社　交

　　一个孩子不懂得如何交友、不具备社交能力会对他的成长产生巨大影响。经调查，长期不会交友的孩子多数自信心不足，在青春期时，他们会比较容易叛逆，更容易逃学。

　　在培养孩子自信心的过程中，朋友起到了很大的作用。想让孩子在生活中得到认可，提高与他人和睦相处的能力十分重要。社交技能是家长帮助孩子提升的关键技能之一，也是最容易引导的技能之一。

Chapter 6　目　标

父母最重要的任务之一，是帮助孩子成为更有能力的人。教会孩子学习确立目标，能帮助孩子成为更主动的人。确立目标会给孩子一种能控制生活的感觉，它教会孩子怎样选择他们想要达到的目标。确立目标能培养孩子计划的能力，锻炼孩子学会怎样制订计划、列出步骤和需要的资源，从而提升孩子自主学习能力。

虽然父母愿意鼓励和引导孩子，但是家长们最终希望孩子能够确定自己要走的路，并引导和鼓励自己，这样在今后的人生道路上孩子才能成长为完全独立的人。

Chapter 7　潜　能

每个孩子都有潜能，决定孩子的潜能是被埋没还是被开发的最主要因素通常是父母。父母要相信自己的潜能，也要相信孩子的潜能，一定不要把自己受限制的思维强加到孩子身上。你不知道你的影响会引导孩子走向哪里，你的孩子可能会将他的才能发展为一生的习惯。新的兴趣会帮助孩子结交朋友，并发现适合的终生事业；也能够帮他提高自信心，补偿自己的缺点……无论什么结果这样做都是有益的。

Chapter 8 毅 力

培养孩子做任何事情都坚持到底、不半途而废的人格特质，以及遇到困难时的处理能力是家长必须重点关注的。坚定不移的意志是成功的关键。孩子想要在竞争激烈的社会生存并取得成功，必须学会坚持，特别是在遇到挑战的时候。

坚强的意志会教孩子怎样面对困难和人生路上遇到的挫折，并且明白遇到困难时，永不放弃的态度是决定能否成功的关键。

Chapter 9 生活习惯

养成良好的生活习惯对于孩子们来说十分重要。现在的父母在教育孩子的时候都很清楚地知道，要帮助孩子建立一个良好的生活习惯，比如要按时睡觉起床、要按时吃饭、多喝水、多锻炼身体、不要沉迷于游戏等。但孩子们稍微一撒娇父母们就会缴械投降，允许孩子们短暂地放纵。但其实这样做是弊大于利的，在孩子心智发育还不成熟时，父亲和母亲就要严格的要求他们，帮助他们形成良好的生活习惯，只有这样做才是对他们的人生最有益的。

人不是生来就懂得要有一个良好的作息规律、要遵纪守法、要懂得尊重他人，这些都是在后期父母教给孩子的知识。家长们一定要抱有一个严格的态度帮孩子们建立好一个完整的人生观念，从而形成良好的生活习惯。

Chapter 10 青春期

　　孩子到了青春期会有正常的生理和心理变化，孩子"不听话"的行为都是因为随着成长，孩子有了更深的自我认知。家长首先应该和孩子做好沟通，先了解孩子的想法，对孩子的思想表示理解，然后再跟孩子交流一下自己的想法，他们基本上可以理解和思考了。

　　孩子在青春期的时候，多数都是有恋爱、叛逆、不喜欢学习这些情况出现，如果能够处理得好，孩子也会回归正途做完自己应该完成的学业，如果处理得不好，可能会让孩子以后的生活都受到很大的负面影响。

Chapter 1
自 信

　　孩子自信心缺乏与父母的"打击教育"息息相关，孩子得不到理解和关爱自然就变得垂头丧气，严重者甚至性格变得胆小懦弱。

　　家庭是帮助孩子建立自信心最好的地方，但是现在的父母都有工作，没有足够的时间陪伴孩子；或者父母自身没有完善的建立自信心的机制。

　　成功是建立在对外在世界的观点和态度上的，拥有"我能做到"的自信心比智商重要得多。父母给孩子最好的礼物就是帮孩子树立自信心，没有什么比这更有意义。

孩子自信心不足

> 孩子7岁了，可感觉做事有些怯懦，遇到事情没勇气没信心去做，怎么才能帮助孩子增强自信心呢？

孩子不自信的原因，主要有下列几个方面：

1. 父母过多替代孩子做事。很多家长特别是祖辈照看孩子时，对孩子照顾得无微不至，有的孩子都四五岁了，吃饭还要喂；吃完饭，有的孩子想帮忙一起收拾碗筷，但是大人直接阻止了，可能是担心孩子会把碗摔碎，也可能是为了赶时间，就阻止了孩子。可是如果家长在生活的各方面都是这样对待孩子的话，孩子就没办法提升自己的能力，也没办法去体验那种"我可以做到"的感觉。

2. 父母的"打击教育"。有些家长是跟孩子一起去面对问题的，而还有些家长恰恰是给孩子制造问题的。一个电视节目叫"少年说"，里面有个孩子跟自己的妈妈控诉"为什么我的努力，你从来都看不到"，结果她妈妈说"如果我不打击一下你，你就会飘了"。传统教育观念里强调"满招损，谦受益"，从而导致父母对孩子多持否定态度。

■ 教育良方：

允许尝试

多给孩子试错的机会，少替他做事。"小牛不下田，永远学不会耕田。"要想孩子有信心，得让孩子有经历、有体验。只要体验，就可能犯错。要允许犯错，孩子受到一些挫折是正常的，我们不需要过于胆小谨慎地去看待这些问题。

肯定孩子

当孩子遇到挫折的时候，我们尽可能不要再打击孩子。孩子做不好事情，本身心情就糟糕，我们再嘲笑打击孩子，孩子情绪就更加低沉，本来可能还有些信心，一下就浇灭了。孩子非常在意别人对自己的看法，尤其是父母对自己的评价。当孩子感受到父母爱他并尊重他时，他就会觉得自己是有用的人，做任何事情都会信心十足。因此家长平时要多鼓励孩子，多给孩子积极的评价。

重视孩子所付出的努力而非只看结果，弱化孩子的错误，突出其取得的成绩，不断强化孩子的优点使其不断进取。

要求适当

家长平时对孩子的要求要适当，不能苛求孩子，对孩子的要求应该与孩子的实际能力相适应。让孩子从做一些容易做的事情开始，逐步提升相应的难度要求。

改变行为

人的身心是一体的，心理状态离不开生理状态，生理状态的改变会带动心理状态的改变。通常不自信的孩子说话吞吞吐吐、走路畏畏缩缩，有意识循序渐进地帮助孩子提高说话的音量和养成昂首挺胸的习惯，通过调整行为状态来改变心理状态。

孩子容易沮丧

> 孩子平时遇到事情就容易灰心丧气，提不起劲头，没有信心，我们怎么才能帮到孩子？

容易沮丧的主要原因：一是对学习或生活定的目标高，自我要求高，苛求完美，而自己力有未逮；二是生活中的人际环境缺乏正能量，孩子缺乏相应的人际支持，得不到关爱和理解。

遇到挫折而感到沮丧并不是坏事，情绪有波动起伏才是人生常态。很多成功者之所以成功，是因为体会了悲伤沮丧才促成进步。家长首先要正视挫折和沮丧，在情绪上做好表率。

■ 教育良方：

接纳孩子

孩子在情绪低落时，如果家长直接鼓励并不能起到很好的作用，孩子还会觉得父母不理解他。多倾听孩子心声，让孩子表达出来他的心情，无论孩子说什么，家长都听着，不要责怪孩子，任何的指责都只能增加孩子的挫折感。

家长可以回应孩子"的确很难"，认可孩子的感受，认可孩子的失败，让他知道这个事情做起来确实有难度。

鼓励孩子

告知孩子"一起试试"，父母和孩子一起面对，平复孩子的情绪，"一起试试"表示还可以进行多种尝试。给孩子希望，鼓励孩子可以继续努力，也许结果会好，当然也许还是不行，但是即使失败也是可以接受的。

正向思维

培养孩子注意他人积极进取的一面。生活中不是没有美，而是缺少发现。让孩子不断去关注正面正向的地方，久而久之，孩子就能形成正向思维。同时让孩子多结交积极乐观的朋友，家长自身也要多关注正面积极的地方，帮助孩子塑造一个积极正向的人际氛围。

锻炼身体

强健体魄是建立积极态度的基础，身体是承载情绪的载体，一个人的身体状态不好，也容易让人感觉疲惫低沉、情绪低落。多接触大自然，多去森林草木比较多的地方，空气中含有较多的阴离子，阴离子是我们人和动物生存的必要条件，在氧气充足的状态下，有利于人的身体新陈代谢和身体健康。

目标适中

容易沮丧一般是由于目标超出实际能力，让人产生挫败感。对自己的学习要制定目标，但也要根据实际情况制定不是太远和太高的目标。

培养兴趣

下棋、绘画、读书、听音乐等，这些方法都可以让人轻松，容易使人进入平衡状态。

孩子过于完美主义

给孩子买了一套积木，孩子很喜欢，就对照着图案画册开始拼，可拼的图案和画册上不太一样，孩子就饭也不吃地拼，最后还是没拼好。爸爸一劝，孩子还哭了起来。刚开始，我们都没太在意，甚至还有些得意，孩子做事专注认真、一丝不苟，后来慢慢发现不对劲，孩子做事情特别较真，稍有不如意就不行，有点太完美主义了。

完美主义在一定程度上可以促使人精益求精，有效增强个人的自我约束能力，但超过一定限度，就会给自己带来太大压力，害怕失败、对局部和细节的错误过分担心，以及担心不完美而产生的迟疑和怀疑态度，反而影响生活、影响学习、影响幸福感。

■ 教育良方：

理智看待

转换角度，指导孩子正确看待自己身上的不完美。告知孩子，追求不等于达到，达到也不一定能够时时刻刻都达到，追求完美是一种态度，一种精神，不能成为衡量成败的标准，不然这种追求非但起不了促进作用，还束缚了自己。

辩证认识

完美没有标准，自己认为完美的，在别人眼中可能不完美，自己认为不好的事物，在其他人看来可能就是很完美的。既然完美没有标准，难以衡量，所以也无须过度追求、过于在乎。家长可以用不同的方式向孩子说明如何用辩证的眼光来看问题。

减轻压力

有些时候孩子出现过度追求完美的状态，是因为父母本身给予他们的压力，给孩子太大压力只会让他们陷入追求完美的怪圈，甚至因为无法达到完美的状态而选择其他的方式，比如逃避、自责。

放松心情

追求完美的孩子往往内心处于一种紧绷的状态，家长应该帮助孩子宣泄自己内心的紧张情绪，比如可以带孩子去旅旅游，看看外面的世界。

不贴标签

家长在教育孩子的时候，有时喜欢给他们灌输"你是一个好孩子"的概念。有的孩子特别在乎自己在父母心中的印象，就不断地努力，小心翼翼地取悦父母，希望成为父母眼中的好孩子。

设置时限

追求完美反而让做事情的效率下降，一直拖着无法完成，不如开始之前先设定一个时间限制，到了限定的时间无论进展如何，都要按计划结束。因为事先已经限定了这个时间，心理有个预期，即便到时候结果不理想，也不至于太失落。

孩子胆小懦弱

我家虽然是个男孩，但有些胆小，出门见人也不敢打招呼，别的小男生都发疯似的满小区跑，我家的孩子最多就是跟在别人屁股后面，一点都不大胆。孩子这么胆小懦弱该怎么办？

孩子胆小一般是后天教养环境导致的，可能有以下几种原因：

1. 接触的人太少，不知道怎么和陌生人打交道。
2. 家长照顾太多、强势、包办孩子的一切生活。
3. 爸爸缺位，孩子缺乏阳刚之气，缺乏男性力量支持。
4. 父母情绪不稳定，孩子心灵经常处于一种担忧害怕的状态。
5. 严格的教育，父母为了让孩子听话乖巧，恐吓孩子。

■ 教育良方：

尊重关爱

给孩子更多的爱，让孩子从内心感受到安全和温暖，引导孩子发现自己的优点和长处，从而建立自信。把孩子当成一个独立的人，既不过分专制，也不过分溺爱。家长事事都包办代替，使孩子失去了实现自我的机会，不能自己为自己做主、自己为自己负责，就会有性格懦弱、依赖性强的毛病。

不要严苛

对孩子要求过高，孩子会因害怕失败而犹豫畏缩。孩子只要不犯原则性的错误，家长尽量不去批评指责，也不要刻意纠正，让他自己去思考和探索，以保持孩子的独立意识，培养对挫折的承受力。性格上的懦弱，不是短时间内能改变的，家长过分关注和急切，只会让孩子压力更大。

给予自由

在家里有一个孩子自己的空间，在时间的安排、物品的使用、朋友的选择等问题上，都给孩子多一点自由。如果有足够自由的氛围，孩子不用总看大人的脸色行事，性格就不会太拘谨，在外人面前也会有更多的自信和主见。

鼓励表达

要鼓励孩子大胆说出自己的想法，家长要耐心地倾听、表扬和支持孩子的主见。倾听孩子的内心，孩子会慢慢地变得活泼、乐于交往，愿意分享，这样的孩子肯定不会胆小的。

支持探索

要鼓励孩子多参与群体活动，多与同龄人交朋友，在实践中学会与人相处。对于害怕犯错的孩子，可以尝试着让他犯点小错误，看看到底会有什么严重后果发生，看看天会不会塌下来。

家庭和谐

孩子的成长环境对孩子的性格影响是非常大的，如果一个家庭里全是和谐氛围，没有打骂、没有恐吓等不良的气氛，对孩子的身心健康是很有帮助的。

孩子不愿与人交流

我们家孩子4岁了，除了和家人说说话，在幼儿园里很少和小朋友交流，我们担心长此以往对孩子有影响，我们做家长的应该怎么做？

孩子不爱与人交流，在排除自闭症可能的情况下，更多的就是个性使然或者是家庭环境的问题。

有些孩子天生爱独处，这并不代表他们不具备社交能力，他们同样可以和别人正常的沟通和交流，只是他们更习惯通过独处的方式去体验周围的环境，更希望用自己的方式玩耍和解决问题。如果说孩子语言表达正常、个性平和，那么爱独处也没有什么不好的，事实上，有研究表明爱独处的人更优秀，他们更善于思考，逻辑思维能力也更强。

因家庭环境所造成的孩子不爱和别人交流，其主要原因：一是家庭关系冷淡，不和谐，父母关系不好；二是父母对孩子经常打击、指责，也会让孩子变得沉默寡言。

■ 教育良方：

增进亲子关系

安全感是心理健康的基础，有安全感的孩子才能与他人建立信任的人际关系。安全感来源于父母的爱和照顾，父母之爱是其他任何形式的关爱都无法取代的。父母要主动与孩子亲近和交流，满足孩子情感与心理的需求，不要长时间忙于工作，工作忙完就抱着手机，千万不能忽略了孩子。

用心聆听孩子

用"今天你感觉怎么样？""你是怎么想的？"等问句提问，引导孩子和家长交流，家长也要学会认真聆听孩子内心真实的感受。要想孩子和其他人交流，要先引导孩子学会和自己交流。在孩子说话时不打岔、不代替，让孩子把话说完整，父母要做到倾听并及时给予回应。

鼓励人际交往

经常鼓励孩子与同龄孩子接触、玩耍，让孩子在交往中得到锻炼。亲朋好友聚会时，鼓励孩子与客人接触，锻炼孩子的语言能力和胆量。

及时肯定孩子

经常鼓励赞美孩子，让孩子树立自信心。不要在孩子面前表现出特别关注和在意他的不爱说话的倾向，通过诱导、暗示和帮助逐步提高孩子的语言表达能力。

孩子过分依赖

孩子都 5 岁了，在家还等着妈妈喂，衣服等着妈妈帮忙穿，在幼儿园也是让老师帮助她，其他小朋友都是可以独立地穿衣服、收拾玩具了。

孩子看似生活上的依赖，更多的是情感依赖，不想长大。

孩子天生渴望独立，还不会走路时就挣扎着摇摇晃晃或者借助大人扶持或者借助学步工具，想往前走，可再长大一些，孩子却更依赖家长了，只能说是家长的教养方式上出了问题。

哪些父母更容易培养出来依赖型的孩子呢？

1."超人型"父母：凡是孩子有任何困难，家长都想办法帮孩子解决，让孩子觉得任何难事，父母都可以帮他办到。

2."马上到"父母：孩子需要父母时，家长马上到，要东西时，马上满足。

3."无微不至"父母：父母对孩子照顾太周到，什么事都替孩子设想得好好的，孩子都不用想，也不用动手。

时间长了，孩子的生活自理能力差，也很享受父母的照顾，就形成了依赖心理。

■ 教育良方：

放手成长

世间的爱都是走向亲近，唯有亲子之爱是一出生就走向分离。父母必须有这个认识，不断放手，让孩子逐步独立。有时候孩子依赖父母，其实是父母依赖孩子，尤其是妈妈们，不舍得孩子离开自己。亲子分离是逐步进行的，原来照顾孩子照顾得无微不至，一下子让孩子独立自主也不现实，如果发现孩子特别黏妈妈，可以让爸爸多照顾孩子，把黏妈妈一个人变成黏父母两个人，慢慢孩子就会和更多的人接近了。

鼓励交往

鼓励孩子多和小伙伴交往，让孩子的视觉更宽更广，兴趣及乐趣涉及更多层面，那么黏人的行为可能就自然而然地消失了。

引导独立

孩子的个性需要从小培养，不要总是觉得孩子太小了什么事都做不好，智慧的父母应该选择信任孩子，让他们自己动手，培养孩子的独立性，还可以培养他们的责任心和感恩意识，体会父母的艰辛。

及时鼓励

当孩子独立地去做一件事时，即使事情不大，即使做得不好，也不妨鼓励一下他做事的动机和勇气。当孩子提出自己的主张与看法时，要多肯定、少打击，对孩子合理的想法与主张要给予肯定与支持，这样孩子的自主性就会一天天强起来。

允许出错

鼓励孩子自己做选择，把选择权交给孩子，也等于把责任交给孩子，允许孩子做错，允许一些不良后果的发生。关键的是后果发生后，要让孩子吸取经验教训。

爱的支持

让孩子感受到父母的爱，是孩子走向独立、摆脱依赖的根本方法。如果孩子感受不到父母的爱，就没力量向前走，就要向父母索取爱，就更依赖父母；如果父母强行把孩子推开，孩子也不会很好的自立，而很可能去寻找另外的寄托。

孩子喜欢攀比

孩子从学校回来，就要买一双球鞋，还指定品牌，说班里几个同学都买了。这一双鞋子上千块，对我们这样的工薪家庭而言，还是一笔不小的支出。今年发现孩子喜欢和同学攀比，别人有什么，他也要什么。怎么能转变孩子的观念呢？

其实攀比很正常，人类因为追求享受、互相攀比，才有竞争，社会才能不断进步。不说小孩子，就是成年人也是一直在攀比，真正能够知足的人又有多少呢？不过青少年不宜过分追求物质的满足，应该更多的发展优良品质、才艺特长等。孩子喜欢攀比的原因都有哪些呢？

1. 生活水平的提高，为孩子的攀比心理提供了经济基础。

2. 家长过于溺爱孩子，孩子要什么就给什么，过分的溺爱和迁就、娇生惯养。

3. 家长的自卑心理，也会导致孩子的攀比心理。有的家庭经济不宽裕，但也怕自己的孩子受人欺侮、让别人瞧不起，当孩子说要什么东西的时候，家长就会迫不及待地给孩子准备，哪怕自己再苦再累都愿意，这也是导致孩子产生攀比心理的原因。

4. 孩子自信心不足，内心价值感不强，内在不足外在补，孩子的内在越缺乏力量就越倾向于从外在寻求帮助和满足，用外在的东西来填补自己，以此证明自己是很好的。

5.随着自我意识的萌发，争胜心就会变得越来越强，大多数孩子都希望通过努力做好某些事或者拥有某些东西来证明自己是很好的，从而赢得更多的关注。为了满足自己的争胜心而过于追求外在的东西时，那就是在攀比了。孩子的争胜心本身是没有对和错的，关键是用什么样的方式去满足自己的争胜心。

6.模仿家长。很多家长经常拿别人家的孩子跟自己的孩子对比，其实这样做的时候就无形中给了孩子一个示范，他们也会不自觉地拿自己跟别的孩子进行对比，不过家长比的更多是成绩之类，而孩子要比的就是眼前能够看到的东西。

■ 教育良方：

明确生活理念

要告诉孩子满足他的基本生活是父母的责任，但攀比是不对的。对于孩子提出的一些过分要求，家长一定要学会拒绝。

家长以身作则

家长要以身作则，不要在孩子面前表达出攀比心理或做一些攀比的事，这样会对孩子有很大的影响。

发展孩子特长

人难免会比较一些东西，如果内在缺乏，就会比较外在；如果内在外在都不如别人，孩子就容易自卑。如果家长希望孩子减少在物质上的攀比，就帮助孩子、引导孩子发展一些特长，可以告诉孩子，鞋子衣服等品牌的东西用一段时间就要换，旧的就没用了，可是特长才艺、优良品质会一直跟着自己，多久都不会失效。

培养孩子财商

每月给孩子固定零花钱，让孩子学习计划、支配、管理零花钱，在零花钱之内，孩子可自由支配，当然不能出现不利健康的支出，比如抽烟喝酒等；在零花钱之外，如果孩子需要，可以申请专项经费，说明必须开支的原因。虽然看起来有些公事公办，但较早的让孩子接触金钱、了解金钱、规划金钱的使用，对孩子成长是很有帮助的。

发现积极意义

孩子攀比，家长可能会打压，"你怎么这么爱慕虚荣呢，小小年纪整天臭显摆啥？你咋不跟别人比比学习呢？"用这样的语气来说孩子，的确会让我们觉得很解气，但这并不会改变孩子爱攀比的行为。孩子都有争胜心，有的时候对孩子的成长可以起到促进的作用。所以我们不能全盘的否定，而是要肯定可以肯定的部分，引导孩子将这种争胜的心思用在更合适的方向上。

对人类来说，比较的心态其实是正常的，有时候甚至是积极的，通过比较，才会有竞争，才会有进步，社会才会发展下去。孩子有比较心理是正常现象，一旦引导得当，会起到巨大的正面作用。

孩子自卑，觉得自己不如人

工作太忙，实在没办法照顾孩子，孩子一直在农村姥姥家生活，上幼儿园了我们才把孩子接回来。可发现孩子有些胆怯，不敢和其他小朋友玩，总觉得自己不如别人似的。怎么才能改善孩子状态？

父母早期教养的缺位，导致孩子缺乏足够的安全感，同时孩子从农村到城市，对陌生环境、陌生事物还有一个适应过程。幸好，孩子上幼儿园时就回到父母身边了，一切不晚，家长一定把握好这个机会，多陪伴孩子，多带孩子出去玩，一定要非常有耐心地教导孩子适应新环境，因为在大人看来再简单不过的事情，如果孩子没见过没经历过，就会觉得很难。

■ 教育良方：

正视现实

像竹子一样，一开始自给自足，只有长到足够高才能享受阳光的沐浴。孩子自卑，是他所要经历的一段时期，正视这段时期，帮助孩子不断积蓄能量，步步前进，节节升高。

鼓励尝试

孩子的自卑与动手能力差、交际能力差有着密切关系，家长不要事事包办，给孩子充分的锻炼机会，鼓励他去尝试，独立完成一些力所能及的事情，从而体验一次次成功。生活中一次次的成功体验就是孩子面对挫败、面对困难的心理资源。

肯定孩子

发现孩子的闪光点，放下对孩子过高的要求，肯定孩子的优点。爸爸不完美、妈妈不完美，孩子又怎么可能完美呢？对孩子多一些肯定，父母的爱，始终是孩子最坚强的后盾。

榜样教育

找一些成功人士的励志故事让孩子读，父母本身也要成为孩子的榜样，乐观开朗，笑对生活，父母能站多高，就能带孩子走多远。

发展特长

孩子如果一直沉浸在自卑之中，是不利于健康成长的。孩子感觉自己不如别人时，父母可以帮助孩子在某些方面找到优越感，从而建立孩子的自信。

Chapter 2

沟 通

　　孩子不愿沟通代表着他觉得不够安全，即使开口说话也会被父母否定，索性拒绝沟通。有些孩子甚至会用说谎、说狠话来掩饰自己内心的不安全感。不懂得沟通和交流的孩子想取得成功会有很大的阻碍，他不懂得如何表达自己的想法。有效的沟通可以加速孩子的心智成长，帮助他们成为一个独立和自信的人。

　　沟通是解决问题、获得知识和接受他人的关键，不掌握这项技能会降低孩子成功的可能，而家长是孩子和外界建立良好沟通的最重要的引导者。

孩子不愿和父母说话

孩子上小学五年级，放学回到家，闷闷不乐，问他怎么了，他也不说，有时候和我们说话也是很敷衍。怎么样和孩子沟通才好呢？

孩子如果拒绝沟通，可能是他认为沟通是无效的，或者说这个沟通让他感到很不舒服，也许孩子一开口就会被说教，被父母否定，所以他才会拒绝沟通，选择用沉默的方式来表达自己的愤怒。孩子不说话，其实就是一种表达：爸爸妈妈，你们说的不对！

还有一个原因，孩子不愿意说，是有些问题他不知道应该如何表达，比如他喜欢一个同学，比如他有情感方面的困惑，如果家庭氛围不是足够安全的话，孩子是不敢说出来的。

■ 教育良方：

建关系

一是整体的家庭氛围要安全和谐，孩子在一个关系不良的家庭中，就像鱼儿生活在被污染的水中，时刻都觉得不舒服，孩子就会出现各种问题；二是建立亲子之间的关系，亲子之间虽有先天血缘，可如果父母不懂得如何正确地爱孩子，就是"亲而不爱"，缺乏良好的亲子关系，孩子自然很多事不愿意告知父母。

不评判

孩子不愿和我们说话，可能是因为我们总是用说教的方式对待孩子，评判事情是沟通的障碍，所以想要获得良好的亲子沟通的第一件事，是放下自己的观点和评价，先听孩子说完了他的观点，了解孩子是怎么想的。

给空间

告诉孩子，如果你想静静，不想跟我说话也没关系，我可以给你一个自己独处的空间；如果你想聊的话，爸爸妈妈随时都在。

需反思

当孩子不跟我们说话的时候，等待是焦虑的，但同时等待也是必须的，这时最好的方式就是离开现场，去想想我们跟孩子之间发生了什么。如果因为太过于唠叨，以至于孩子选择回避的话，我们需要调整一下表达方式，父母要反思自己此时的状态。

不担心

当担心孩子的时候，就意味着在你眼里孩子是一个弱者，他需要被你保护，他什么事情都处理不好。所以父母越担心、越把他看成小孩，孩子就越不愿意跟你交流，你们之间也不会有真正平等的交流。

孩子喜欢说"狠话"

孩子5岁了，喜欢说一些很厉害、很难听的话，比如"你真是个大笨蛋""我要打死你"之类的，因为这样，多次教育孩子，孩子当时答应不说了，可后面遇到事情还是会说。

这种"狠话"一般发生在语言敏感期的某个阶段，由于孩子说这类话的初衷是体验语言的力量，大人越是重视这种表达，反应越剧烈，孩子说得越来劲；有的孩子只是把说狠话、说脏话当成一种游戏方式，他一说，大人就有反应，他觉得好玩。

当然，狠话也可能是模仿来的。如果孩子的成长环境中经常出现这类语言，则善于模仿的孩子便可能"偷学"过来。

■ **教育良方：**

1. 孩子说狠话时，家长不妨以冷处理为主，当作没听见，当他们发现这种语言其实没有产生什么力量时，就没有继续的动力了。

2. 家长留意自己语言习惯，不讲类似的"狠话"，多讲正面语言，为孩子提供健康的语言环境，让孩子无从模仿。

3. 孩子说完狠话，家长不要训斥，而是耐心地询问孩子发生什么事、有什么感受，有时孩子不懂表达自己的感受，就会用狠话来代替。

孩子总是"顶嘴"

不知从什么时候起，孩子学会顶嘴了，让他把地上的玩具捡起来，但他却说"凭什么让我捡！"让他上学穿上外套，但是他却挑衅般地说"不穿就不穿！"孩子总是顶嘴，这种情况该怎么办？

孩子顶嘴是一个比较常见的现象，不少家长都很头疼。其实，我们可以换个角度看，家长认为孩子"顶嘴"，而从孩子角度看，这是家长在"干涉"他的行为。同样一件事情，从不同的角度去看就会有不同的解读，而家长掌握着家庭的话语权，孩子表达不出来他的意见和声音，就容易出现"顶嘴"的行为。

有时，孩子"顶嘴"纯属淘气，有时是为了表达自己的反对，宣泄自己的不高兴。孩子"顶嘴"的行为需要引导，而家长也要反思：难道孩子事事顺从家长就一定是好事吗？

孩子在成长的过程中，冲突和权力斗争几乎是不可避免的。然而，大多数孩子和父母能够解决好这些分歧，在维持彼此间积极情感的同时，重新调整关系，使之变得更为平衡。那些特别叛逆的孩子背后，往往都有一个原地踏步、不肯成长的父母。所以，无论孩子处于哪个年龄段，父母保持自我的觉察和成长都至关重要。

我们需要看到孩子"顶嘴"的积极意义，如果孩子学会了顶嘴或者跟你对着干，最起码我们可以确定的一件事情就是，这个孩子已经开始有"我"的概念了，孩子对于一些事物开始有自己的看法和判断标准，这个时候他才会顶嘴。"顶嘴"对于孩子来说意味着他正在长大，他开始有自己的意见，会表达自己的感受，有独立思考的能力，并且懂得维护自己的边界了。所以作为家长，当你的孩子会"顶嘴"的时候，其实需要我们去肯定孩子，或者承认孩子长大了，有自我的概念存在。

同时，如果孩子能够跟你发出一些争论，甚至"顶嘴"的话，最起码证明你跟孩子之间的关系，在孩子看来是稳定的、安全的，否则他是不敢这样做的。

■ 教育良方：

正视代沟

家长正视与孩子之间的年龄差异，以及各自成长背景的不同，神经语言程序学上（Neuro Linguistic Programming, NLP）说"没有两个人是一样的"，何况是年龄相差20多岁30多岁的亲子之间。与孩子沟通时，留意自己的沟通方式是否太僵硬，沟通不是家长表达了什么，而是孩子能收到什么。如果孩子收不到家长传达的讯息，家长说再多也是无用功。

了解孩子

孩子性格不同，同样的教育方法、沟通方式在这个孩子身上合适，在另外一个孩子身上可能就不合适。多子女的家庭，家长只要用心观察，就会发现不同的孩子从小表现出来的气质、性格就有所不同。

陈述事实

说出你对孩子所做事情或者所说话的感受即可，不要长篇大论地告诉孩子如何去做。现在的孩子懂得的大道理并不比家长少，因此家长的话他可能压根就听不进去。

允许不同

允许孩子做出和家长意见不一致的决定和行为，但是产生的自然后果由孩子承担。比如天气冷时，孩子不穿衣服，那么如果感冒了孩子就会有切身体会；家长说一万遍，不如孩子亲自体验一次。允许孩子和家长有不同的意见。

建立家规

孩子"顶嘴"只是一个方面，既然总是"顶嘴"，生活中肯定还有其他问题，不如建立起良好的家规家风，从根源上解决这些问题。

孩子经常骂人

孩子上小学了，经常说脏话，老师也教育过他，老师也告诉我们要督促孩子改正，我们也担心孩子经常说脏话不利于成长，可孩子一直没有改正，请问有什么方法解决吗？

骂人是一种不文明不礼貌的沟通方式，可孩子为什么还会这样呢？

原因很简单，脏话是我们保护自己的一种方式，也是释放攻击性的一种方式。同时，它又是跟别人建立关系最简单直接的一种方式，甚至有时候你会发现，有些成年人交流的时候偶尔带句脏话，你会更喜欢这样一个人，因为他显得更真实。

对于有些道德感比较强的父母来说，他们是不能接受孩子说脏话的；另外有些父母，他们会去理解孩子说脏话背后的原因。一般来说，孩子说脏话，可能是因为他得到的爱不够，或者内心有些东西不能很好地表达出来。当然，有一些孩子整天说很多脏话，他可能是有秽语症，如果是这样的情况，我们就要区别对待。

有时候孩子骂人是为了融入群体。比如学校里，大家都用骂人的方式表达，你太文明，反而好像没办法融入到他们里边去。所以有时候孩子说一下脏话，可能是一种社交的需要，避免自己被边缘化。也许他的环境中间很多孩子都是这样的，我们要理解到这一点。

孩子骂人还可能是为了表达自我。我们看到很多青春期的孩子，他们觉得说脏话很酷，可以表达一些自己无法表达的情绪或情感，这里边有一定道理。因为脏话能给到人一种力量感；另一方面，说脏话也有一种叛逆的意味在里面，所以很多青春期的孩子会说脏话，作为自我表达的一个工具。

■ 教育良方：

平常之心

如果孩子只是偶尔说一下脏话，我们不用过于担心和在意。有些父母经常有一个误区，就是对于孩子很多事情特别担心、敏感、一惊一乍，这样很容易使我们放大很多事，然后陷入到焦虑里面。其实对于孩子来说，他有自己的羞耻和道德去判断，如果我们能够比较平和地对待孩子，他自然会去思考这件事情的影响是什么。

做好榜样

父母是孩子最好的老师，因为父母的言行，会被孩子在无意识中认同，所以父母生活中的用语一定要注意用词。

不去放大

我们是否能够提供一个宽容的环境给孩子。当我们觉得孩子说脏话是一件大事的时候，可能我们心里边还有一个"完美孩子"在那里。就像你随时拿着放大镜去看你的孩子，你会发现孩子身上有很多让你无法接受的东西，这时其实你已经忽略了自己孩子真实的状态。实际上，如果我们不去把说脏话这件事情放大，并且绝对禁止说脏话的话，反而慢慢就会过去了。但是如果我们一直盯着这件事不放，有可能会引起跟孩子之间的一种纠缠，甚至于孩子可能会用这个东西来攻击你，就像"你要我怎样，我偏不怎样"，反而强化了他这个行为，又或者他会隐藏得更深。

合理管教

对孩子长期不改的说脏话的行为，批评完全是必要的，但要适度，而且要一对一，不要在大庭广众之中批评他，保护他的自尊心，在批评时，语气要坚定、要严肃，不要打骂。

关注正面

对孩子的好行为要大大表扬，让他有对比，就比较容易改正，同时关注正面行为，孩子也就有了努力的方向。

孩子经常说谎

> 孩子喜欢说一些不符合实际的话，张口就来，有时候我们家长都分不清楚孩子说的是真话还是假话，有时候发现他说谎，他还一脸的无辜。为什么孩子会这个样子，怎么能改掉说谎的毛病？

孩子说谎，是他需要说谎。假如孩子感觉到在大人面前是足够安全的，他就会愿意讲真话。你是一个让孩子感觉到足够安全的父母吗？你真的做好了听孩子讲真话的准备了吗？

如果父母处处以"好孩子"的标准要求孩子，孩子在这种压力之下，就可能会认为：只有我做个好孩子，爸爸妈妈才会喜欢我，如果我承认了某件"不乖"的事情，他们就不会喜欢我了。

有时候说谎还是孩子逃避某项"苦差事"的借口，比如当孩子不愿意去做某些事的时候，就可能声称自己还有别的事做，试图"逃过一劫"。

■ 教育良方：

1.如果孩子因为想象和现实混淆而说谎，我们就不妨多琢磨一下，想想孩子背后的真正需要或担忧是什么，然后在找到这个根源的基础上，跟孩子共情，引导孩子说出谎言背后的真实意图，并尽可能地满足他们的需要或排解他们的担忧。

2.如果孩子迫于"乖宝宝"的压力而说谎，我们就要检查一下是否自己的期望值太高了，然后在这个基础上重新设定自己的期望标准，让孩子有机会按照正常的心理发育节奏展示自己。

3. 如果孩子实在想要逃避一件不想做的事情而说谎，我们就不妨看看是否孩子必须做这件事，如果可做可不做不妨放孩子一马；如果必须要做，则要给孩子讲清道理，支持孩子面对属于自己的责任或义务。

4. 父母要做诚实的榜样，孩子刚开始不懂说谎，有些时候孩子的行为都是不知不觉地模仿周围的人，尤其是父母。

5. 当孩子犯了错时，家长可能会问：这是谁干的？孩子通常的回答是：不是我。因为他担心、害怕。如果我们这样跟孩子说："其实妈妈小时候呀，也撒过谎，因为害怕姥姥责备，但是妈妈觉得每个人都会犯错，这不可怕。告诉妈妈，真实的情况，然后再去想办法解决。"这样的语言说出来的时候，孩子的防备心理就不会那么强烈了。孩子就会说："真的吗？那好吧，是我打碎的。"孩子会很诚实地去承认他的错误。如果家长一上来就责备，通常孩子的防备心理就会越来越坚固，当爸爸妈妈再去责备他的时候，他就觉得千万不能说实话了。

孩子喜欢打断别人的谈话

孩子6岁，总喜欢打断别人说话，有时候我打电话，孩子就一直在喊我，我示意孩子，我在打电话，他还是一直喊。带孩子参加朋友聚餐，我正和朋友谈事情，孩子就凑过来说话，朋友的孩子和我们孩子年龄差不多，却很懂事。怎么改正孩子这种问题？

不少人都有打断别人谈话的经历，有些人因为个性急躁，有些人却是习惯，这种行为不仅没有礼貌，也不尊重对方。孩子生来就有喜欢模仿周围人行为的特点，由于他们刚刚开始学习语言，有着强烈的表现欲望，所以听到大人的对话，就想"表达"自己的观点，就很容易模仿父母因急躁而打断别人谈话的行为。

还有一种情况，孩子在表达自己想法时，大人常常不在乎，没有倾听孩子，孩子迫不得已，就要打断大人的谈话，长此已往，形成了这种不良习惯。

■ 教育良方：

1.家长自己平常养成等他人把话说完，然后再表达自己观点的好习惯。

2.当想打断他人说话时，可以先和对方说："对不起，我想请问……"以便让孩子学会礼貌地询问他人。

3.当孩子打断别人的谈话时，你要及时指出来，让孩子明白自己的行为是不正确的。

4.在家里孩子表达想法时，家长要及时倾听；如果大人在忙，就告知孩子原因，请他稍等一下。

5.告知孩子，不是紧急的事情不要打断别人谈话，可能孩子不是太明白，多讲几次，多举几个例子，孩子也就慢慢明白了。

孩子见人不打招呼

孩子6岁多，比较害羞。今天傍晚，我和孩子在附近公园散步，迎面遇见单位同事，于是忙叫孩子打招呼。可是，此时孩子躲在我身后，一副扭扭捏捏的样子，我只得无奈地对同事说，我家孩子太内向了，不好意思！我经常教导孩子要礼貌，见人要打招呼，可孩子却越来越不愿意打招呼。

如果排除了情绪不佳、叛逆、不喜欢当事人等原因，孩子不喜欢跟别人打招呼，可能有如下几种可能：

1. 孩子性格内向，羞于叫人。

2. 孩子平时很少跟别人发生交往，遇到陌生人容易紧张。

3. 父母事先忽视了礼貌教育，遇到熟人又拉着孩子"仓促上阵"，孩子不知道遇到熟人应该问好的道理，选择了本能的排斥。

见面问好，尤其是见了长辈要问好，这是世界性的礼貌，这本身也是基础的社交礼仪。但若是为了培养孩子的基础礼仪，而采取逼迫孩子打招呼的方式，就往往会事与愿违，尤其是对于叛逆期的孩子，越逼迫越叛逆。

还有家长见孩子不肯打招呼之后，为了给自己一个礼貌的理由，给对方一个合理的台阶，就说孩子有点内向，可往往这样的情景发生后，孩子在家长身后躲得更紧了。家长直接给孩子贴上了"内向"的标签，于是，一个笃定不爱打招呼的孩子就可能被这样强化出来了。家长往往就是以爱的名义，就这样轻而易举地摧毁着孩子的安全感、归属感和价值感，让孩子缺乏力量去自我成长。

甚至有的家长当众训孩子"你这孩子怎么这么没礼貌？连问好都不会，我平时是咋教你的，没出息。"或者等别人离开后修理孩子一顿，结果孩子的自尊心受到很大伤害，自卑感油然而生。

■ 教育良方：

言传身教

如果父母自身总能热情地与别人打招呼，那么孩子耳濡目染，自然会养成见面问好的习惯。家长平时注重言传身教，即便是年龄比较小的孩子，虽然很难听懂大道理、辨别是非的能力较差，但他们的可塑性和模仿能力特别强，容易在家长的影响下养成一定的行为习惯，家长应该在日常生活中做好礼貌待人的言行示范，久而久之，孩子便耳濡目染、不学自会。

提前告知

如果带孩子去聚会，或者参加大家庭聚会，可以先告诉孩子可能会遇到哪些人，如果他能和他们见面问好的话，这个聚会将会变得非常有意思。有些孩子不喜欢很多人的场合，这样预热可以让孩子先有个心理准备，到场后就会表现得好很多。

顺其自然

如果孩拒绝打招呼是性格使然，那家长就不要强求，每个孩子都有自己独特的表达方式，只要孩子能够以他惯常的友好方式做出反应，家长就不必介意，性格不是一天就能改变的，我们应该给孩子时间。如果强求改变，可能以后孩子为了不打招呼，就不愿意出门了，更不敢和其他人打交道。家长切记不可批评指责孩子，尽可能多给孩子自由成长的空间。

创造机会

不能因为孩子不愿意打招呼而不带孩子外出。成人外出时应尽量带孩子，让孩子和成人一起参与社交活动和人际交往，并且鼓励孩子接触陌生的环境。要注重在实践中培养孩子良好的礼貌习惯，而且成人要作好孩子的表率，遇到熟人或孩子不认识的人要主动有礼貌地打招呼，然后再向孩子简单介绍，再让孩子主动地打招呼。

孩子说话常挑刺

> 5岁的孩子近期不知道为什么，总是特别爱挑别人的毛病，小朋友上课坐姿不端正了，妈妈做的饭不好吃了，爸爸不讲卫生了……无论别人做什么，他似乎都能挑出来毛病，有时说话很伤人。

> 喜欢"挑刺"是一种转移注意力的攻击行为，通过批判别人来掩盖自己的缺点或不足，这是一种内心自卑、缺乏安全感的表现。用这种方式保护自己不受别人的伤害，如此一来，他可以暂时松口气儿。他在表明一种态度"别说我不好，其实你们也好不到哪里去"。
>
> 当然，也可能是孩子吸引家长关注的一种方式。

■ **教育良方：**

正面引导

如果孩子每次挑刺，家长就要反驳，等于是否定孩子，那么孩子就会更加用心的证明他是对的，所以他很可能会变本加厉地去寻找周围人的问题，告诉你：看我说的对吧，你们就是有这么多问题。家长可以用正面引导的方式，比如说"爸爸是有些不太讲卫生，谢谢宝贝的提醒。同时呢，爸爸还有哪些优点是你注意到的呢？"

不否定孩子，就不会引起更大的对抗，同时把孩子的注意力引导到关注他人正面的方向上来。

适当教育

只是正面引导，不去反驳孩子的话，时间长了，反而可能强化孩子挑别人刺的行为。适当给予孩子教育说明，比如说"你能发现别的小朋友上课坐姿不端正，说明你很细心，你想下小朋友上课坐姿是否端正是谁来管理呢，是不是应该由老师来做呢？你只需要做好自己的事情就好了，同时你是不是也可以做小朋友们的好榜样？"

以身作则

孩子挑刺的行为是向谁学习到的呢？有的家长可能不挑孩子的毛病，但夫妻之间有没有互相挑毛病呢？有没有当着孩子面抱怨同事、抱怨领导、抱怨社会呢？可能就是不经意间的挑刺，让孩子学习到了，原来可以这么做。

教育孩子需要提高家长的觉察力，反思自身需要有哪些提高。

Chapter 3

情　商

　　提高情商的基础是培养自我意识，从而增强理解自己及表达自己的能力。孩子与孩子之间的情商并没有明显的先天差别，更多与家长后天的培养息息相关。

　　在升学压力下，家长总是不惜花费大量时间、精力、金钱对孩子进行教育投资，结果却经常达不到预期效果，反而导致孩子厌学、学习独立性差、任性自私等。近几年，孩子因学业压力、与父母沟通问题而选择离家出走、自杀的现象频频出现。

　　提高情商是将不能控制的情绪部分变为能控制的情绪，从而增强理解他人及与他人相处的能力。为了让孩子能拥有一个成功快乐的人生，家长要积极培养孩子的情商。

孩子非常固执

 孩子3岁多，喜欢想当然地按照自己的意愿行事，有时候感觉孩子不可理喻，可如果不答应他的要求，他就大哭大闹、难以平息。我们当家长的非常头疼，应该怎么办呢？

孩子出现这种现象，一是任性，没有养成良好的规则；二是秩序感作怪。

2岁以后的孩子，随着生活范围的扩大和探索能力的提高，他们发现自己可以控制越来越多的东西，由此也变得喜欢挑战大人，并从中体会自己的力量，所以我们常说这个年龄的孩子已经进入了"第一个心理反抗期"。孩子喜欢尊重既定的习惯或程序做事，并期待世界按照这种秩序感运行，一旦秩序遭到挑战，他就会为了维护这种秩序而抗争。比如孩子玩玩具，你会发现，3岁左右开始，孩子喜欢把玩具按一定顺序排列。

这个时候孩子发展秩序感是成长中的正常现象，和成人的固执并不一样，如果孩子这个阶段发展顺利，就会对生活有比较强的主观掌控感；如果家长在这个阶段打压孩子，孩子长大后在自立自主性方面反而不好。

■ 教育良方：

冷处理

孩子在胡闹时，先让他一个人待着，不予理睬，直到他情绪平息，能够正常和大人开展对话。

听要求

多体察孩子的秩序要求，尽量顺从他们的这种要求，在把握不准的情况下，还可以多征求他们的意见，以免不小心惹火了小家伙。尽量满足那些合理的或者是非原则性的需求。对于那些原则性的要求，如果我们不能满足，也要理解孩子，做好安抚工作，通过拥抱、讲道理、转移注意力、寻找替代目标等平息孩子的痛苦。

知心理

家长要掌握一定的幼儿心理学、家庭教育知识，了解孩子不同成长阶段的不同心理需求，就可以更好地了解孩子行为背后的心理需求和动机。

立规则

夫妻双方在教育孩子大的方向上最好统一认识，否则就会出现孩子胡闹起来时夫妻两个人反差较大的处理方式，这样很容易让孩子"钻空子"。拟定家规，不仅约束孩子，也是约束父母；形成家规家风，孩子就不会那么任性。

孩子胆小

> 孩子10岁了，很胆小，怕这怕那，公众场合不敢说话，甚至在家里，来了不太熟悉的客人，孩子也不怎么说话，躲躲闪闪的。怎么帮助孩子？

孩子胆小有很多可能，以下是常见的几种原因：

1. 家长平时对孩子呵护得太紧，动辄提醒孩子这里危险、那里不能动，致使孩子感觉周围充满了"险情"。

2. 家长喜欢用吓唬的方式教育孩子，使得孩子缺乏安全感。

3. 孩子有过受惊吓的体验。

4. 孩子天生为抑郁质的气质类型，比较容易羞怯。

家长结合自己孩子情况，判断是什么原因造成孩子胆子小，也有可能是同时有多种原因导致孩子胆子小。

■ 教育良方：

1. 教养孩子时适度放手，不过分保护孩子，但给他们提供相对安全的活动空间，避免经常向孩子提醒这样那样的危险或者让孩子遭遇这样那样的危险。

2. 避免用吓唬的方式教育孩子，以免侵蚀孩子的安全感。多与孩子一起运动和游戏，让孩子知道父母是关爱他的，父母是他成长最坚强的后盾。

3. 如果孩子不慎受了惊吓，注意帮孩子"脱敏"。比如如果孩子滑滑梯时不慎摔了下来，就想办法让孩子体验到只要防护得当，其实滑滑梯并不是那样容易发生意外。

4. 如果孩子生而"胆小"，就要对孩子的行为多一份宽容，不急于改变孩子，以免给孩子更大的压力。家长对孩子行为不要限制太多，否则会导致孩子不敢尝试与实践。

5. 需要注意的是，任何时候都不要当面说孩子"你怎么这么胆小""我们家孩子胆子太小了"之类的话，以免孩子受到消极心理暗示。

6. 让孩子学会一项新技能，鼓励孩子展示，自信来源于实力。

7. 让孩子平时多参加集体活动，多到陌生环境中去锻炼。

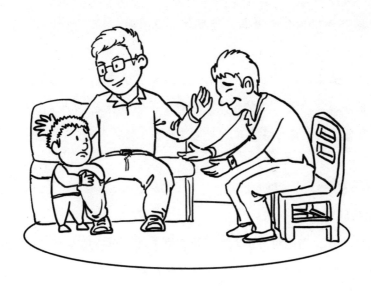

孩子任性霸道

> 小区的院子里有个滑梯，专门供小朋友们玩，我家孩子去玩时，总喜欢霸占着滑梯，不让别人玩。孩子这么霸道怎么办？

> 2岁后，孩子自我意识萌芽，但还很难区分哪些物品和权利是自己的、哪些是别人的，只要他见到的喜欢的东西都是自己的，所以幼儿园的小孩子经常抢东西，谁喜欢谁就去抢，缺乏界限意识和权责意识，需要在教育过程中一点点改变孩子。
>
> 孩子任性霸道，有时也是父母行为的映射，有可能是父母本身就很霸道，也可能是父母太骄纵孩子，事事让着孩子，让他感觉他无所不能。修正孩子，父母就要先修正自己。

■ 教育良方：

思想教育

告诉孩子，当他对待别人宽容了，别人才会对待他友好，生气或者闹脾气并不能解决问题，相反会让事情越变越糟。宽容之心不是一朝一夕形成的，而是在环境中长期的有意识地引导和训练而成。给孩子一个宽容的家庭环境，时常教导孩子事事宽容。

榜样教育

孩子从生下来那一刻开始，便模仿父母，所以当父母抱怨时，孩子必然不会心怀宽容。夫妻之间，如果能宽容相待，那么孩子就学到好的人际交往方式。

制定规则

大人一般都会顺着孩子的意思，造成孩子任性霸道。所以家里需要树立规则，哪些事能做，哪些事不能做，即便哭闹也不行，引导孩子逐步按规则办事，而不能由着性子来。如果孩子以不吃饭、哭闹相威胁，家长不要让步。

学会分享

家长多带孩子参加一些需要与伙伴配合才能一起玩的活动，孩子要想交到朋友，就要学会分享，分享玩具、分享快乐。

角色扮演

俗话说"以其人之道还治其人之身"，也让孩子尝尝被霸道的人欺负的滋味，家长可以请大一点的孩子来配合出演这场戏。

孩子经常发脾气

> 孩子稍微不顺心就大哭大闹、大吵大叫，甚至摔东西、撒泼打滚，而且很难平息，有时候还会持续很长时间，很难劝阻。用了很多方法都没效果，该怎么办才好呀？

每个人都有个人边界，当我们的边界被侵犯的时候，我们就会产生攻击性，来维护自己的边界。比如一个小孩子明明已经吃饱了，但妈妈还是不停地在喂，他就会挣扎反抗，甚至掀桌子发脾气。因为他已经不想吃了，可是妈妈还是要逼他吃，他的边界就被侵犯了，需求也没有被看见，于是他就只好用发脾气的方式来表明他真的不想再吃了。

因此，当你的孩子发脾气的时，你可能需要思考一下，在这之前，你对他做了一些什么？你有没有尊重他的主观愿望？有没有侵犯到他的边界？或者有没有给他机会表达自己的想法呢？

若孩子只是偶尔发发脾气，也不过分，就应该说是比较正常的。发脾气并不是坏行为，只是一种情绪的发泄，爱发脾气的孩子也绝不是坏孩子。但问题是，现在许多家长只重视对孩子认知能力的培养，而忽视了对其进行情绪管理教育。如果加上父母对自己的情绪也疏于管理，以及父母对孩子的溺爱，想让孩子不发脾气都难。

所以，孩子性格一方面是天生的，另一方面是父母给的，而发脾气的习惯则全部是父母"示范"和惯出来的。因此，帮助孩子自己找到情绪体验背后的原因，学会情绪管理，这对孩子来说也是很重要的学习内容。

■ 教育良方：

接纳情绪

孩子发脾气，就是一种情绪发泄，宜疏不宜堵。所以不管孩子是否有错误在先，也要给孩子宣泄不良情绪的机会，甚至还可以在理解的基础上，允许孩子进行一些活动，比如在纸上画画，打枕头、被子等柔软的物品，来发泄情绪。当然，此时家长的语言安慰、拥抱，都是很好保护孩子自尊心的选择。如果家长这时训斥指责孩子，就是给孩子造成二次情绪伤害。

其实，接纳孩子情绪是可以和倾听一起完成的，就是用眼、表情、耳来倾听，用身体接触、放松的体态、轻柔的抚摸来认同孩子的情绪。孩子发脾气且你认同情绪时，就不要和孩子讲大道理、埋怨、预言式总结、批评了，这些都适得其反。

学会接纳孩子的脾气固然重要，但如果没有足够的耐心处理孩子的脾气，就不要硬撑着，可以让其他家人帮着留心脾气风暴中的孩子的安全，自己到另一个房间冷静一下，离开之前可以跟孩子解释一下，比如"妈妈感到自己的脑袋都快爆炸了，看来妈妈需要冷静一下"之类的，但千万不要说些"再哭就不喜欢你了""哭够了再来找我"之类的话，我们可以让孩子看到自己耐性的极限，但不能否定孩子的情绪，给孩子的痛苦雪上加霜。

用心倾听

当孩子已经发脾气以后，由于其情绪的不稳定，此时家长就需要保持平静，温和地做出倾听反应，先让孩子感觉你在关注他，避免矛盾的进一步恶化。如果上来就强行制止、训斥指责或劝慰，孩子反而会变本加厉。需要注意的是，孩子在发脾气时，原因可能表达不清楚，或者不会说出真实原因，所以家长可以观察孩子的身体语言和进行适当的猜测。

探究原因

没有无缘无故的脾气，当孩子发脾气时，家长还应学会查找发脾气背后的原因，比如是否忽略了孩子的某项需求？是否自己处理冲突的方式让孩子产生了不公平感？孩子是否遇到了什么学习障碍？如此等等，这类追问更容易帮自己对症下药，而孩子也将从父母善解人意的处理方式中学会设身处地、得到成长。

对症下药

在解决孩子发脾气的处理原则上，其核心是：对孩子正当、合理的需求，应主动、尽量满足，而不合理的要求，父母则"温和而坚持"地不满足，同时帮助孩子提高自控能力。当拒绝孩子不合理的要求时，有可能会使孩子的脾气死灰复燃，这就需要家长重复上面的步骤。这也是明确告诉孩子，吵闹发脾气是没有用的。

对于死灰复燃的孩子脾气，家长一定要"温和而坚持"，不能因为孩子哭闹时间太长而失去耐心，也不能轻易放弃自己的原则。你这次费心了，最多再有几次，孩子就会知道发脾气是不解决任何问题的。但家长的妥协，就让孩子明白了"哭闹发脾气"是可以当成对付父母的武器，以后你会一次又一次地重复，今后时间可能需要花费更多。

教导孩子

孩子发脾气，正是教育孩子的一个契机，家长应该告诉孩子，什么是合适的情绪表达，遇到问题应该用什么样的合适行为来向别人表达自己的感受。

解决孩子发脾气最关键是，家长要在平时多进行预防工作，在孩子针对某事未发脾气时，就对他进行及时反馈，比如赞许、鼓励、拥抱、微笑等，或是增加玩耍、讲故事的时间，使孩子知道你注意到并赏识他的好的表现。这样长久以往，孩子自然知道如果通过不发脾气来解决问题，会得到父母更多的关注和陪伴。

孩子比赛前容易紧张

孩子因为要参加市里的少儿演讲比赛，现在每天都告诉我她很紧张，有些害怕，怎么帮助孩子消除紧张？

心理学家认为，紧张是有效的反应方式，是应对外界刺激和困难的一种准备。有了这种准备，便产生了应付瞬息万变的力量，因此紧张并不全是坏事。自我消除紧张状态、建立自信、充分准备、适应变化是消除紧张心理的主要途径。

■ 教育良方：

肯定孩子

孩子之所以会紧张，是对于自身能力或者处理的事情有所担心。对于这样的孩子，家长要学会对孩子进行肯定，可以反复告诉孩子："你是可以的""你多次在学校和县里的比赛都证明了你的能力"等，帮孩子告别焦虑、树立信心。

接受底线

孩子紧张，还有可能是害怕出现不理想的结果，这样的孩子往往自尊心比较强，赢得起输不起，不妨和孩子一起设想下最差的结果可能是什么？提前接受比赛底线，最差的都能接受了，还怕什么呢？

转移注意

孩子之所以会出现焦虑情绪，是因为注意力集中于某一事情或者事物，进而引发的心理问题。对此，家长可以帮助孩子转移注意力，当关注点变化之后，孩子一般会忘却之前引发自己烦躁不安的事情，这样就可以调节焦虑心情。

正面回忆

让孩子回想快乐时光，或者曾经取得过的成绩。这些美好的回忆，能够让孩子保持乐观态度，从而告别焦虑心理，积极乐观地投入到生活之中。

预讲练习

紧张除了太在乎比赛结果和对自身能力不自信，还有一个情况就是参加的比赛少，陌生往往导致紧张，在比赛前不妨在家里多让孩子进行几次预习演讲，设置一个高台，场面尽量布置的类似比赛环境，让孩子提前找找感觉。如果有条件的话，也可以提前几天去一下正式比赛的场地，让孩子熟悉场地，减少陌生感和紧张感。

孩子遇到事情就喜欢发牢骚

我孩子上幼儿园中班，本来应该阳光可爱的年龄，可是遇到事情总是喜欢抱怨，刚开始我们都觉得挺可爱的，时间长了，发现孩子总是抱怨。孩子这么小怎么就总发牢骚抱怨呢？

孩子喜欢发牢骚，肯定是有原因的，家长要弄清孩子是所有事情都抱怨，还是某些特定的事情抱怨，还是在哪些情境下喜欢发牢骚。

孩子喜欢发牢骚的主要原因：一是孩子受周围人的影响，尤其是家长；二是这是孩子的一种减压方式，发牢骚一般是抱怨他人、抱怨社会，这样孩子本身就不用承担事情做不好的相应责任。

■ 教育良方：

使用中性词语

语言是有能量的，正向语言带给人力量，负面语言让人低沉，帮助孩子把抱怨性的词句改变为中性词语，比如"烦死了""真讨厌"改为"不可理解""有些难度"等。

多看孩子优点

家长不对孩子发牢骚，要经常看到孩子优点，即便是孩子有些事情做得不太好，家长也能一分为二地看问题，看到孩子缺点也能看到孩子优点。

建立积极家庭

家长之间也相互欣赏相互赞美，建立正向积极的家庭文化，孩子耳濡目染，在家长的熏陶下，就不会再抱怨和发牢骚了。

告知孩子结果

帮助孩子分析经常发牢骚会给自己带来哪些负面的影响，当孩子认识到发牢骚不但无助于解决问题，可能还会让问题恶化或者复杂化，就能从主观上产生不再发牢骚的认知。

孩子故意惹大人生气

孩子6岁多，变得不那么"听话"了，以违背大人的意志为乐，有时还特别执拗，都让人手足无措。讲道理孩子又听不懂，经常把我们气得不行。

6岁起，孩子自我意识开始较快发展，孩子会越来越有自己的主张，所以6～8岁又被称为孩子的"第二个叛逆期"（第一叛逆期是2～3岁），但成人出于社会规范的限制，往往会对孩子实行这样那样的限制，偏偏孩子尚不懂得拐弯抹角，于是便经常公然反抗，以至于有"故意作对"之嫌。

■ 教育良方：

了解规律

正常情况下，孩子会经历三个叛逆期，2～3岁的宝宝叛逆期，6～8岁的儿童叛逆期，12～18岁的青春叛逆期。要认识到"叛逆"是每个正常孩子都必然会经历的一个阶段，调试自己的心态，适应孩子特殊阶段的表现。

设定规则

比如孩子喜欢看电视，允许孩子看，但要有个时间限制，玩完或者看完就得睡觉。

正话反说

比如孩子有时候挑食，很难劝他吃进去某个东西，遇到这种情况，父母可以在吃这个食物吃得津津有味时，故意说："不让宝宝吃，他可不能吃这个"，小家伙一听自己不能吃，非要跟父母抢着吃，往往他原本不要吃的东西就在这样的争抢中吃进去了。

注意安全

对孩子要以宽容、尊重和艺术地处理方式为主，但涉及安全问题就要坚持底线，比如不让孩子动插座、玩刀子等。紧急情况下，必须当即制止，事后最好跟孩子讲清其中的道理，孩子也需要这样的规范来明白行为的限度，这有助于他们未来正常融入社会。

孩子容易担心多虑

孩子儿童节表演唱歌时忘词了，之后就开始常常担心自己做错事或是说错话，也不太敢跟同学玩，大多数时间是一个人在一旁默默地玩，变得越来越不敢说话了。

孩子对事情有太多担心说明孩子很在乎这些，或者是很在乎他人对自己的评价。

家长要反思是否对孩子有太高的要求。孩子十分敏感，如果感觉大人要求很高，他达不到，就难免紧张担心，害怕遭到惩罚。

■ 教育良方：

放松身体

身心一体，心理担心多虑，会引起生理反应，包括肌肉紧张、呼吸急促、心跳加速等，而这些生理的紧张状态，往往会导致焦虑感升高。减少孩子的担心，可以先放松身体；身体放松了，心理也会放松些。

渐进放松法：先局部练习手、脚、额头、脸、下巴等部位，用力收紧，然后放松，让孩子区分放松和紧张的感觉，之后再慢慢扩展到全身放松。

想象放松法：通过想象让孩子学习放松，比如让孩子想象自己是个机器人，全身僵硬，之后又变成棉花人，全身软绵绵。

父母放松

研究发现，高焦虑的孩子往往有个高焦虑、高标准的家长，这类家长在无形中便会通过语言或非语言的方式将焦虑的情绪传递给孩子。因此，父母照顾好自己的情绪，保持弹性、乐观的稳定情绪，是帮助孩子处理好情绪的前提。

保护接纳

当孩子感到不安、莫名担心时，家长要温和、坚定的接纳与保护，并安慰孩子的情绪。对孩子的接纳，并不只是言语的表达，更重要的是非语言的讯息。当孩子担心时，抱抱他，静静地陪在他身旁听他说话，让孩子相信自己有力量面对担心、害怕的事物，让孩子清楚地感受到你的爱与接纳，进而产生安全感，然后就能渐渐消除焦虑的情绪了。

合理应对

面对孩子的焦虑，父母通常会有两种典型反应：一是过度保护，当孩子害怕时，就帮孩子移除害怕的事物，直接保护孩子。这对年纪小的孩子来说，或许是一种处理方式，但过度保护四五岁以上的孩子，反而会让孩子习惯依赖成人，失去自我成长的机会。二是指责，面对孩子的焦虑，父母经常随口说"这有什么好怕的，不要瞎担心"，久而久之，孩子的自我效能感降低，自我意识会认定自己是一个胆小的孩子。因此，过度保护或言语指责都是不恰当的处理方式。

孩子经常烦躁不安

> 孩子很容易心烦气躁，一点小事就想要发火，"烦着呢""别惹我"……就是他的口头禅。怎么能改正这个问题？

> 1.烦躁看似是因为外界事物的影响，其实是因为内心不安，心神不定，长期负面情绪的积压，心里窝着火，不能正常宣泄。
>
> 2.有的烦躁是生理性原因引起的，如果是青春期孩子，发育加速期，内分泌失调、神经系统会紊乱，引起孩子心烦意乱。如果是女孩子，还要考虑是否月经不规律等因素。

■ 教育良方：

树立榜样

家长要成为孩子的榜样，日常生活遇到事情不要慌张忙乱，不要烦躁不安，无论发生什么，都要冷静应对，这就是对孩子最好的情绪教育。

与人交流

每个人都有同他人交流的需要，有些人不想让别人知道自己的心事，不愿意把自己心里的感受说出来，这样不仅对解决的问题毫无帮助，而且会加重自己的烦躁。引导孩子可以找一位知心朋友倒倒苦水，说出心理真正的感受，也可以寻求心理咨询师的帮助。

独处冷静

当烦躁不安的时候，先不要和人交往，否则坏心情会影响到别人。当预感到自己有不安的冲动时，不妨自己单独待一会儿，或者换一个环境，只要经过几分钟的心理调整，烦躁不安的心情就会缓解。

适当宣泄

当孩子烦躁不安时，可以听音乐或者看一部喜剧片，找一个适合自己的方法。也可以在烦躁时运动，通过消耗体能来消除烦躁。

预留时间

如果给自己的安排太过紧张，就会因为"还没有做完"而焦虑；一旦进行得不顺利，就会变得焦躁。越是对人生精密打算的人，就越容易把自己的日程安排得太满。不要贪心，重视优先事项，有时也需要去芜存精、有所舍弃。

孩子没有主见

儿子高高大大，乖巧听话，可几乎从来没有自己的主见，性格上表现得优柔寡断，比如学校组织春游，问他想买什么东西，他总是选来选去拿不定主意；和同学在一起，同学说什么，他也从来提不出什么反对意见。

生命的意义，在于选择。很多的父母担心孩子出现错误的选择，所以从来也不给孩子有选择的权利，甚至是代替孩子去做选择。孩子也因此失去了锻炼的机会，当遇到事情要做选择的时候，他就拿不定主意，容易形成没有主见、犹豫不决的性格，而这会让孩子变得越来越不自信，越来越自卑。

没有主见的孩子，主要是对自己没有信心，因为无论做出什么样的决定，都可能得到父母的否定、指责，甚至惩罚，没有主见就变成了他们的防御盔甲，所以没主见的背后往往是喜欢控制、指责和否定的父母。有些父母常常觉得自己的孩子不够自信、没有主见，其实很有可能是你把孩子的自我选择功能剥夺了。

■ 教育良方：

适当放手

作为父母，有时候我们需要适当的放手，让孩子去做决定，让孩子学会选择和承担。只要不涉及原则性的问题，比如伤害自己、伤害别人等，都可以而且应该让孩子自己去决定自己的选择，比如自己过生日的时候想请哪些人，给自己挑选喜欢的衣服、图书玩具等，让孩子去面对和承担选择之后的结果。

尊重孩子

让孩子表达意见，比如平日里想吃什么菜或是挑选哪样商品，询问孩子选择的理由，既能够让家长知道孩子的偏好，也锻炼了孩子的语言表达能力与思考能力。

智力游戏

父母可以向孩子提出一个问题，然后让他想出多种解决的方法，在游戏中孩子就会不知不觉中有了自己想法，然后再慢慢培养孩子在生活中的主见。

批评有度

对于孩子做错的事情，家长不要揪着不放、批评太多，否则就会导致孩子的内在价值感降低，做事情就会没有主见、优柔寡断。

孩子情绪感知力差

孩子活泼聪明，哪里都好，就是一点，不太能感觉到别人的情绪变化。有时候和同学玩，同学心情不好，他还开玩笑，结果和同学闹得不愉快。孩子对情绪方面感知比较迟钝，这是怎么回事呀？

情绪感知力好的孩子，可以降低注意力的分散，专注程度更高，学习的效率也能够更高。

情绪感知力低的孩子，往往不会换位思考，不善于察言观色，会经常因为人际关系而伤神和费心，这些孩子也会更加容易产生心理问题。

情绪往往在面部表情、姿态、语调方面表现出来。中国人习惯把情绪分为喜怒哀乐四种。要感知他人的情绪，一是要分析客观事实，他人的需求是否得到满足；二是要分析其表情，注意观察对方的表情、姿态、语调。从这两个方面有意识地培养孩子的情绪感知能力，不断地练习，方可防止感知固化。

■ 教育良方：

接纳情绪

父母要做的第一步便是学会共情、接纳孩子的情绪，承认孩子的情绪，帮助孩子正确认识情绪，孩子才能对情绪有一个较为全面的认识。只有孩子具备了对情绪的全面认识之后，孩子才能够培养起自身的情绪感知力。

了解原因

在孩子闹情绪时，有些父母不分青红皂白，就一味地压制孩子。这样做并不能解决问题，父母只有全面地认识了孩子闹情绪的原因，才能够帮助孩子转化和释放自身的情绪。

关注他人

要想提升情绪感知力，就要学习摆脱以自我为中心，学习关注周围的人，尝试去体验完全不同的生活。人与人的交往中，一个眼神、一个表情等，都可能反映出人的心理情感，通过对他人情绪的观察与体验，来提高我们对他人情绪的感知力。

情绪日记

建立家庭情绪日记，记录自己和家人开心的事件、情绪失控的事件关键点，并持续跟踪这种情绪及事件结果。借此帮助我们更好地了解自己和家人的情绪敏感点。

孩子缺乏爱心

> 孩子比较冷漠，缺乏爱心，对弟弟很不在乎，也不关心，只考虑自己吃喝，弟弟有时候还主动拿零食和小朋友分享，老大却从来不分享自己的零食和玩具。怎么培养孩子的爱心呢？

孩子缺乏爱心有两种原因：

1. 父母"爱"的方式出现了问题，许多父母只知道一味地疼爱孩子，却忽略了给孩子提供奉献爱心的机会。其实施爱与接受爱是相互的，如果只是让孩子接受爱，渐渐地他们就丧失了施爱的能力，只知道索取，不知道给予，并且觉得父母关心他是理所当然的。

2. 还有一种情况，那就是粗暴式的教育，对待孩子过于苛刻或处理问题比较暴力，在这种成长环境下，孩子慢慢会对家长的关系变得生疏，甚至会出现敌视的态度。时间长了，在孩子的成长中，也会对身边人采取冷漠的态度。

■ 教育良方：

爱的流动

有的孩子在家中有求必应，父母一味顺从孩子，孩子把父母的付出当作理所当然。这样的爱是从父母流向孩子，是单向的流动；有的父母对待孩子过于苛刻或处理问题比较暴力，这样的家庭父母缺乏爱，孩子感受不到爱。没有爱的双向流动，孩子就缺乏爱心。

爱的示范

家庭是爱心的培育基地，父母是最直接的爱心传播者。父母可以从家庭和身边做起，逢年过节时，带孩子回老家看望父母；老人过生日时，打电话或送礼物回家表示祝贺。邻里有困难时主动伸出援助之手，这些做法都会给孩子带来积极的影响。

将心比心

爱心需要培养，当某地发生灾情，家长可引导孩子"那里的小朋友没有饭吃，很饿，没有衣服穿，你想想，如果你也在那里，会怎么样？"这样，孩子的爱心不知不觉就培养起来了。

爱的机会

给孩子爱的机会，让其体验爱的快乐。帮助父母做家务，给父母端饭递茶，探望生病亲友和老师同学，要让孩子多参与公益事业，带孩子向鳏寡孤独和贫弱病残等弱势群体献爱心等。在这个过程中，让孩子体验和享受付出爱的快乐，从而更加有意识地主动去爱。学会接受孩子的爱，很多家长已经习惯了为孩子付出，而在面对孩子的爱的付出时，他们会因为心疼孩子而做出"拒绝"的行为。殊不知，这样做反而会伤害孩子表达爱的积极性。

爱是一种双向的情感交流，只要我们注意在日常生活中对孩子一点一滴的培养、一言一行的引导，相信孩子"爱心"的种子终究会长成参天大树。

孩子生闷气

> 孩子都 9 岁了，遇到事情一声不吭，就一个人在那里生闷气，怎么劝说也不行。怎么能让孩子学会正常表达情绪？

孩子生闷气，不会表达情绪，主要原因：一是孩子语言能力不发达，不知道如何表达自己的想法；二是孩子曾经表达过，但家长都忽视了，孩子认为说了也没什么用，遇到事情不开心，就只能自己生气难过了。

有些情况也是孩子成长的标志，比如孩子自己也意识到这件事情自己做得不对，就不好意思说出来，别说是小孩子，即便是大人，承认自己的错误有时候也很难。

■ 教育良方：

有耐心

有的家长劝说孩子没有效果，一气之下走开，把孩子一个人晾起来，这样会让孩子感觉到失落，得不到父母足够的爱和保护，以后可能会更多的一个人生闷气。因为他认为，父母是靠不住的，喜怒哀乐都是自己的事情，反正自己的感受，父母也不会在乎，久而久之，就可能封闭自己。

孩子发脾气，无论是哭闹，还是生闷气，可能就是要引起家长注意，希望家长陪陪他、关心他。家长要有足够的耐心陪伴孩子，等待孩子说出他的想法，如果家长确实有事情忙，就明确告知孩子，"爸爸 / 妈妈现在要做什么；如果你想好，需要告知爸爸 / 妈妈，喊我就行了。"

不说教

孩子正闹脾气，家长说什么对于孩子而言都是噪音，家长要听孩子说，而不是在这个时候教育孩子，哪怕家长的话再有道理，在孩子有情绪时也不要讲道理。

给温暖

孩子生气，家长可能认为孩子无理取闹，其实这只是家长的角度，站在孩子角度，肯定有他的道理。如果孩子确实不愿意表达，也不要强求，不然孩子更紧张，其实家长可以和孩子多一些情感链接，比如抱一抱孩子，说爸爸妈妈爱你，给到孩子温暖和理解，帮助他舒缓情绪。

留空间

并不是孩子所有的郁闷都需要家长解决，给孩子留出时间和空间，让孩子自己调整心情，这也是孩子自我成长的机会。正像网络上一句流行语所说的"我想静静"，有时候人心情不好的时候，无需任何外力帮助，一个人静静也就好了。

练表达

上路驾驶前需要在驾校学习驾车，学生大考之前会有模拟考试，节目表演之前会有彩排……同样，如果在平时，孩子心情平静状态下，对孩子如何表达情绪进行练习，教导孩子如何正确表达情绪，等孩子真的有情绪出现时，孩子就可能会使用练习时的反应方式。

家长温柔的坚持教育，清晰地表达教育理念，慢慢地孩子就会明白家长的底线，学会遵守规则并放弃无效的应对方式。

孩子性格内向

孩子在家里活泼开朗的，而到了外面却一反常态，不会开口说话，也不爱跟小朋友玩；读幼儿园了，老师反映经常都是孩子一个人玩，基本不主动去找小朋友玩。该怎么改善孩子内向的性格？

内向也有不同的程度：有的孩子无论是面对陌生人还是熟人都不喜欢说话，他们对于外界缺乏兴趣，而且也没有改变自己的想法；有的孩子只是在陌生人面前胆怯，在熟人面前往往非常健谈。

内向也并非都是缺点，内向孩子的缺点也往往是优点；比如他们会更加稳重，虽然语言比较少但是其内心生活非常丰富，而且内向的孩子往往更热爱学习。内向的孩子之所以不爱说话，或者是说话慢，大多是因为他们凡事喜欢多思考。

内向的孩子更愿意将精力用在自己真正喜欢的事情上，他们善于思考且富有创造力，有人经过调查发现，70%的作家、画家和创作型人才都属于内向型人格。如果他们在小的时候被视为没出息，被父母逼迫着改变，强制改变成外向的人，也许这世界上就会少了很多优秀的人才。

■ 教育良方：

家庭温暖

父母要营造一个温暖家庭环境，孩子处于这样的环境里面，会非常有安全感，也会更乐意和父母交流，有助于培养开朗的性格。

父母粗放

内向的孩子大多是完美主义者，做事情非常在乎细节，但是如果过于重视细节可能容易忽略大局。因此在日常生活中，父母要表现的粗线条一些，这可以让他们变得大气一些。

锻炼独立

让孩子独立做一些事情，比如让他自己去超市买点他喜欢吃的东西，或者是向邻居借点东西等，这些锻炼会让孩子变得更加独立大胆。

鼓励孩子

内向的孩子脸皮都比较薄，所以在遇到人或事的时候，极易出现害羞不敢说话的情况，这个时候不该数落孩子或者说他是胆小鬼，而是应该以鼓励为主，帮助他敞开心门。需要提醒的是，内向的孩子会比较容易害

羞，所以对于他们的称赞要柔和一些，不用太夸张。

不去强迫

可以帮助孩子改变，但不要强迫改变，孩子性格内向，父母就会变得焦虑，从而想方设法地去改变孩子的这种性格，性格内向不是缺陷，强行纠正反而会让孩子变得自卑，甚至讨厌自己的人格设定。应该去帮助他，利用自身的性格优势，让他们勇敢、自在的做自己，专注自己喜欢的事。

父母要做的是，顺应孩子的成长规律，让孩子长成自己喜欢的样子，愿每个孩子都能被理解和尊重。

<

孩子自以为是

孩子做什么，总听不进别人的意见，哪怕是表面上听了，做的时候还是自行其是、自以为是。担心孩子这样长大了，对人际交往和事业发展都不利，怎么才能更好地教育孩子呢？

自以为是的孩子往往有自以为是的父母，家长认为孩子自以为是，也说明家长没有以孩子的是为是，而是以自己所是为是，本质上是一样的。正己方可正人，父母要觉察自己行为，再耐心教育孩子，帮助孩子能够更灵活地处事。

■ 教育良方：

尊重孩子

家长首先要平等地对待孩子，蹲下身子，从孩子的角度考虑问题，不要"以势压人"。这也是给孩子做的榜样，家长能和孩子共情，能够站在孩子的立场思考，孩子也会学着站在父母的角度去思考。要求孩子做到的，家长应首先要做到，只有这样，孩子对家长的教育才能心服口服，教育才能收到最佳效果。

不要纵容

随着生活条件的改善，很多孩子娇生惯养，家里对孩子十分宠爱，孩子想做什么就做什么，家长比较迁就孩子，孩子想怎样就怎样，缺乏行为规范和自我约束意识。

辩证看待

自以为是的孩子并非都是毛病，也反映孩子很自信，这个优点要充分肯定、不能打击。凡成功者都自信，这样的孩子在心底已经种下了成功的种子。

故事教育

讲述名人的故事，以理服人。引导孩子认识到，过于自信是自负的体现，如若不及时纠正容易走向失败。

Chapter 4

逆 商

孩子内心敏感而又脆弱，经受一点挫折就一蹶不振，经历一点失败就退缩不前，自尊和自信经不起一点波折，这些都是孩子逆商低下的表现。对失败和挫折的心理承受能力不够，孩子会出现焦虑抑郁等情绪，家长如若没有及时的发现并沟通排解，很多孩子都会非常痛苦。所以，培养孩子逆商对于家长而言是多么的重要，让孩子有能力去积极的面对失败和挫折，弄清楚失败的原因并想办法去解决。

孩子接受不了批评

> 我家孩子是个"顺风耳"，顺心的话、好听的话能听，不顺心的话接受不了，一批评就生气。

> 孩子受不了批评主要有三个原因：
> 一是孩子生活太顺心了，接受不了挫折感。
> 二是孩子受的批评打击太多了，已经开始逆反了。
> 三是父母没有起到应有的榜样作用，父母本身也不能接受批评。

■ 教育良方：

委婉批评

孩子做事既然有自己的想法，如果家长采用委婉的方式批评，不仅不会让孩子反抗，还能起到春风化雨的效果。家长在批评孩子时一定要给孩子解释的机会，也是给自己弄清事实、帮助孩子改正错误争取机会。

家长示范

父母在相处时，如果一方指出另一方的问题，有问题的一方要虚心接受，给孩子做出榜样。也是利用这样的机会，趁机教导孩子，当别人提出不同意见时，要如何应对。

提升信心

有的孩子自卑，所以受到批评后会有不安、抗拒、难受的感觉。想让孩子克服这个问题，父母就要多尊重孩子，允许孩子犯错，多发现孩子的优点和长处，多鼓励赞美孩子，多给宽松、自由的环境，让孩子多锻炼自己的能力。当孩子对自己有信心，有自信做好事情的时候，内心强大了，就能接受别人的批评了。

孩子好胜心强

> 孩子见不得别人比自己好，凡事都要争第一，达不到目的就灰心丧气甚至耍小性子。怎么能改变孩子这个性格？

孩子在自我意识发展到一定水平之后，会逐渐喜欢在有意无意的横向比较中确认自己的本事和价值，这就是竞争意识的来源。所以，"好胜心"对于这个时期的孩子来说，应该说是一种本能，未必具有道德层面的意义。当然，孩子喜欢争强好胜，还可能是因为家长不经意间给了他们这样的暗示，即孩子表现好了就高兴、表现不好了就不高兴，以成败论犒赏，久而久之，就让孩子形成了一定错觉：爸爸妈妈只喜欢强胜的我，如果输给了别人，他们可能就不喜欢我了，于是便出现了为了讨爸爸妈妈欢心而争强好胜的行为。

■ 教育良方：

肯定孩子

好胜心强的孩子很难一下子就改变，他们在乎别人的评价，父母要先肯定孩子、赢得孩子的心，再引导孩子转变。

淡化成绩

必要时，家长甚至可以淡化对孩子成功成绩的反应，强化对其"输得起"之行为的肯定，当然这要把握一个度，不要矫枉过正，否则孩子如果真的一点竞争意识都没有了，也未必是件好事。

故事教育

多数人听不进道理，但用讲故事的方式就可以绕过人的心理防御，比如讲柔能克刚、和韧性有关的故事，胜败乃兵家常事的历史典故，或者观看有关影视剧的过程中也可以随机渗入相应的教育。

减少比较

父母不要拿自己家的孩子与别人家的孩子比较，当父母拿自己家的孩子与别人家孩子比较时，孩子自然升起争强好胜之心，用这种方式去迎合父母。

孩子容易冲动

孩子这次考试考得不好，我们就说了孩子几句，孩子一气之下就把试卷撕了。类似的情况还有几次，孩子一遇到不顺心的事情就容易冲动，怎么才能帮助孩子改变这个性格。

孩子容易冲动，主要原因：一是可能受先天气质的影响；二是个人没有养成良好的处事习惯。冰冻三尺非一日之寒，家长要有耐心逐步帮助孩子塑造性格。

■ 教育良方：

暂时隔离

孩子冲动发脾气、大吼大闹时，如果是在家里，对孩子暂时隔离，大家都不去理他也不去安慰，让孩子发泄情绪，同时也避免大家的反应再刺激孩子做出更激烈的反应。但家长要留意孩子举止，关好门窗，防止有意外情况发生。

建立规则

让孩子知道哪些事情可以做，哪些事情不可以做，合理的事情孩子不闹，家长就可以满足；而无理要求要坚决拒绝，让孩子养成规则意识。

家长表率

家长应注重自身的精神文明修养、以身作则，为孩子克服急躁个性做出榜样。家长不能对孩子发脾气，控制好自己的情绪，创造轻松愉悦的家庭氛围。

磨炼耐性

选择一些能够磨炼孩子耐性的课程让孩子学习，通过修身养性来调节情绪，增强自身忍耐性和涵养。比如家长可有意识地让孩子练字、画画等，孩子在重复而有要求的训练中，步步思考和揣摩，磨炼孩子的耐性。

给予指导

难听的话想想再说，重要的事情慢慢说。对于年龄较大的孩子，要学会自我控制言行，防止冲动误事。有些难听的话想脱口而出时，不妨先做个深呼吸，让自己平静下来，然后自己提出一些问题问自己，比如"这到底是一个多严重的事情呢？""别人是怎么做的呢？""如果我听到这些话，我是什么反应呢？"这样多提出几个问题，有助于因为头脑发热而顶撞了他人。

鼓励交友

让孩子学会和不同的人交往和处事，观察别人为人处世的方式，充分利用同伴之间的影响。

孩子太在乎别人看法

孩子特别在意别人对她的看法，听到别人说她几句好话就可开心了，听到不好的评价就会郁闷至极。有一次，作文被老师评价字写得太丑，被同学们笑话了，女儿着急得都快哭了，回来还诉说了一番委屈。

孩子的成长，都会经历从"无律"到"他律"的过程。"无律"阶段，孩子以自我为中心，心中只有自己的想法和需要。进入"他律"阶段以后，孩子会开始关注他人的评价和意见，有些孩子"他律"意识过于强烈，家长没有及时采取措施进行引导，那么孩子可能就会过度关注他人的看法，敏感多疑，被别人的话语牵着走。如果孩子的自信心不足、自尊心过强，会产生极强的自卫意识，听不进任何批评意见，甚至还会将别人善意的告诫视为对自己的攻击，对别人的评价特别敏感。

■ 教育良方：

欣赏孩子

孩子缺乏自信，就很在乎外界的看法和评价，如果父母能经常对孩子表达自己的支持、理解和赞赏，就能够帮孩子建立起对自己的良好认识，增加自信和正向的自我认同。

增强信心

让孩子多发展一些兴趣爱好，只有增强了孩子的自信心，孩子才会有面对别人评论时能够置之不理的勇气和底气。

宽松教养

根据孩子性格，父母要调整教养方式，孩子过于关注别人看法，那么父母就不要对孩子要求过高，给孩子的压力过大。孩子在紧张的环境下，生怕自己哪里做得不好，所以就会小心翼翼，过于关注别人对自己的看法。要让孩子感受到，即使她不完美，即使她经常犯错，父母都一如既往的爱她，并给予孩子自由发展的空间，让她做自己想做的事，这样长大的孩子，心理力量是强大的。

孩子逃避责任怎么办

> 孩子上周把家里的一瓶红酒打碎了，还说不是他干的，是家里的猫打碎的。这周又把他爸爸的手表弄坏了，孩子又说是弟弟干的。其实家里装监控了，我都知道是他干的，希望孩子说实话，可孩子现在说假话耍赖，没有承担责任的勇气，怎么教育孩子才好呢？

> 孩子逃避责任的行为主要是怕受到惩罚。如果孩子做错一件小事，家长就没完没了的责备孩子，下次犯错时，家长还会把这次的问题翻出来算旧账，孩子会养成习惯性缺乏主动承认错误的勇气。
>
> 也有的是对孩子太溺爱，孩子只享受了权利，很少履行义务，自然就形成不负责任的习惯。

■ 教育良方：

保留面子

古语有云"当众不教子"。当着别人，不要教育训斥自己孩子，孩子无论大小，都不要一味地当着众人的面数落孩子，这样会让孩子产生更加想逃避责任的心理。可以做错事后进行单独的教育和批评，这样既给了孩子一定的面子，也会让孩子在下次犯错时不会主动逃避推卸责任。

惩罚适度

孩子成长过程中有过错是很正常的，如何正确处理这些过错却事关孩子今后的发展。当孩子知道自己犯错时，内心是愧疚而自责的，有着本能接受惩罚的需求，此时进行适度的惩罚，孩子心理上是容易接受的，也能避免或者减少以后再犯类似错误。如果惩罚过重，孩子反而可能破罐子破摔，继续犯错；或者担心再受这么重的处罚，以后有错不认、百般推卸。

看到动机

有些错误是孩子出于好心，想把事情做好，但是弄砸了，比如孩子想独立一些，自己倒水喝，可烫到了，家长心疼孩子又生气，不但没安慰孩子，还修理孩子一顿。有时候想去送碗筷，可把碗摔碎了，这时候家长可能认为孩子添乱。孩子犯错，家长先不责备，问清缘由，尤其是看到孩子行为背后的正面动机，孩子确实是出于好心却把事情办砸的，家长无需责备，还要安慰孩子，并示范给孩子，怎么做才是最合适的，既避免孩子再犯错，也培养孩子更多生活技能，同时也增进了亲子关系。这样的处理，孩子会感动，觉得他得到了理解，对自己的失误反而不好意思，也会主动道歉，以后就会注意改正了。

制定家规

人有时候恐惧未知和不确定感。孩子犯错了，不知道会接受怎样的对待，如果有可以参照的家规，孩子既可以避免一些错误，也可以在犯错时明白需要承担的责任。当然，家规需要孩子参与制定，而且家规不是针对孩子的，是一家人制定，一家人都要遵守的。如果父母不遵守，制定规矩专门约束孩子，那么孩子会越教育越糟糕的。

不要包办

让孩子从小就做自己的事情，学会安排自己的事情。如果家长代替孩子做太多，孩子什么都不做，自然是什么都不用负责，以后长大了，孩子遇到事情怎么可能会有担当呢？

孩子不能承受压力

初中学习比小学学习紧张一些，孩子回到家就说很累，我就告诉他，这有什么，到高中了会更紧张，可孩子还是有些提不起劲头，总说学习压力太大了。

有些孩子承受能力差，因此在遇到小事时也会在心理上无法接受。不能承受压力的孩子是缺乏生命的动力，顽石也阻挡不了小草和树苗的生长，坚硬的地面也挡不住种子的破土而出，生命有了动力，才能战胜来自外界的任何压力。

■ 教育良方：

支持探索

家长应该怎么培养孩子冒险精神呢？最有效的方式是旅游，其次就是激发孩子求胜心，让孩子学会坚持。

期待适中

家长对孩子的期待一定要适中，不要过度期望，有时候家长放低期望要求，孩子反而会更加轻松，最后远超家长期望值也是有可能的。

留意变化

留意生活中孩子的变化，可以观察到孩子的压力是否已经超过了他的承受能力，比如爱笑的孩子一个星期内都看不到笑容，也看不到任何开心的迹象；孩子平时喜欢做的事，现在突然没兴趣了，而且没有替代的事情；爱动的孩子开始经常长时间一个人发呆……这些可能都是孩子承受不了某些压力的征兆。

放手成长

脆弱的孩子，往往有个包办的家长，替孩子解决了所有问题，让孩子按照自己设想的道路成长。孩子长期生活在这种环境下，久而久之根本不用自己思考问题，孩子不仅无法自立，承受压力的能力更是日益愈下。父母向后站，孩子向前冲，放手让孩子去探索、去成长。

不要苛求

溺爱可以让孩子承受压力能力变差，同样过于严苛也会。严厉型父母往往会以严苛的要求来衡量孩子，不准孩子犯错，必须成功。在这种高强度要求的环境下，孩子心理很难正常发育，承受问题的能力自然是越来越差。绝对宽松的教育肯定会失败，绝对高压的教育也肯定会失败，家长一定要掌握一个度，并适时调节。

孩子害怕尝试新事物

> 孩子在接触新东西时有点胆怯，有时候买了新玩具，他都不是很主动地过来拿，在幼儿园也是别人玩什么他玩什么，没玩过的玩具就不怎么动。后来我总结了一下，应该是孩子比较害怕尝试接触新事物，怎么才能帮助孩子呢？

孩子恐惧、不愿意尝试新事物是其人格中的一种负面、消极因素，虽然如此，家长也不用过分担心，孩子的心理发展和变化是具有较大可塑性的。在家长、老师细致耐心的引导下，孩子的性格是可以改变的。

一般对新事物恐惧的孩子是对环境缺乏安全感，就会表现得小心翼翼；也有的孩子因为家长的过度保护，造成了强烈的依赖感，放弃了自己主动了解外界的行为，完全依赖于父母的帮助；也有些孩子是因为家长过于严苛，要求孩子不能在墙上乱画、不能弄脏衣服等，久而久之，孩子是越来越听话了，但也变得不敢尝试新事物。

■ 教育良方：

充分了解

对于新鲜的事物，家长可以给予孩子更多的时间，让孩子进行充分的了解和观察，孩子熟悉了，就会变得更勇敢一些，这时家长再进行引导式鼓励，相信会得到想要的效果。

家长示范

当家长在遇到新鲜事物时，采取的态度是积极的正面的，那么孩子在这方面就也会有相应的学习模仿。家长的行为对于孩子来说是潜移默化的，同时影响也是深远的。

鼓励探索

家长应提前排除安全隐患，为孩子创设一个有利于探索的安全环境。在家里，热水壶、刀具以及容易使孩子误吞的小珠子、药品等都应放在孩子够不到的地方；在户外，应禁止孩子到马路上、深水边、施工工地等容易发生意外事故的地方玩耍。环境安全了，就让孩子自由探索，不要怕弄脏衣服，如果孩子一直要刻意保持衣物的整洁，那么探索的乐趣就少了。

肯定努力

当孩子认真努力地去完成一件事时，不管他最后的结果是什么样的，家长要试着站在孩子的角度去理解他做这件事是多么地不容易，真诚地肯定孩子的努力。比如在孩子认真穿好鞋子或是把饭用勺子一口一口放进嘴里时，家长发自内心的称赞，会让孩子更愿意去尝试，做事情的主动性增强。

循序渐进

让孩子从一些简单的事情开始尝试，让他尝试到成功的感觉，然后赞扬他，给予强化，使其增强信心，继而增加难度，同时给予无条件的支持与关爱，告诉他无论他做得怎样，他都是你们的孩子，让孩子有勇气去尝试。

孩子输不起

孩子和我玩剪刀石头布，赢了就算，输了就不算，输了就缠着再来。经常会出现类似情况，任何事情只要他输了，就会发脾气。

为什么孩子会表现得输不起呢？

孩子最初关于输赢的概念，最先来于家长。有的家长很喜欢拿自己的孩子与别的孩子做比较；有的家长则喜欢滥用赏识教育，一味的夸奖只会让孩子沉溺在"我最棒"的思想当中，也就无法接受失败带来的挫败感。久而久之，孩子就会形成做什么都要赢的心态，输了就代表我不如别人、我不够好，所以不愿意接受比不过别人的现实。当孩子不愿意接受这种现实时就会以要赖、发脾气的形式表达出来。

■ 教育良方：

将心比心

家长应先接纳孩子的情绪，然后问孩子"你想赢，别的小朋友和你一样也想赢。如果别的小朋友输了不承认，那你会不会生气，你还和他玩吗？"用这样的方式与孩子沟通，给孩子提供一个自我反省的机会。

成功故事

给孩子讲述名人故事，年龄大一

些的孩子可以自己读名人传记。古往今来，凡是有大成就的人很少是一开始就成功的，往往经历很多挫折，过程反反复复，输了很多次，都勇敢地爬起来。有人说过，但凡有作为的人，无一幸免都输在了无数的起点上，磨难与失败造就了他们今天的成功。学习成功人士，不能只看到他们的成功，也要看到他们都是接受失败后成功的。

允许犯错

孩子面对输的结果的时候，家长要平静陪伴，允许孩子适度发泄，不可批评打击孩子。每次遭遇挫折后，如果能得到父母的理解，孩子也就觉得输了也没关系，如果输了就被打击批评，那么孩子就容易输不起或者破罐子破摔。

不去比较

停止给孩子灌输竞争意识，平时不要动不动就说别人家的孩子怎么怎么，父母不拿孩子比较，孩子自然就不容易滋生过度的竞争之心。

肯定过程

肯定孩子的努力，结果很重要，过程同样重要。很多的父母对孩子，特别是对孩子的成绩，只重视结果，不注重过程，孩子考得差了，父母脸色就不好，有时甚至不问缘由劈头盖脸一顿臭骂。如果父母太在乎输赢，那孩子肯定会特别在意输赢。父母要多引导孩子关注过程，只要过程努力了，就是胜利，就是优秀的孩子。当孩子意识到这一点时，他就不会因为一时的失败而哭闹，也就不会因为害怕失败而不去竞争。

正确表扬

通过表扬促进孩子的自信，在孩子赢了以后，要给予鼓励表扬，但尽量不要说那种"你真棒""你真聪明"这种没有具体指向的表扬，因为这种表扬会给孩子压力，当孩子下次失败了，就不棒了、不聪明了？表扬时应该关注细节，比如"你这幅画，颜色搭配得很漂亮"等，引导孩子看到自己的具体优点，有利于孩子自我认知的发展。

单亲家庭孩子如何教育

我和孩子爸爸离婚两年多了，儿子归我抚养。现在孩子上小学四年级了，经常沉默寡言，以前孩子也不爱说话，但没有现在这么严重。我希望给到孩子最多的关爱，希望孩子健康快乐的成长，需要怎么做才好？

家长无需过于在意单亲的身份，现在单亲家庭越来越多，再婚家庭也越来越多，社会多元化发展，家庭结构也越来越打破常规。国内离婚率和离婚人数已经连续15年增长，以后单亲和再婚重组等家庭的孩子也会越来越多，平常心面对即可。家长的状态会影响孩子的生活状态，家长能够以平常心面对，孩子就会活得更轻松。

■ 教育良方：

明确解释

家长离婚，不仅是夫妻之间的事情，也是整个家庭的事情，孩子也是家庭中一员，理应了解相关情况，原本有两个人照顾我，现在只有一个人照顾我了，以后会不会一个人都没有了……父母离婚了，孩子会胡思乱想，可能会有各种各样的担忧，父母明确的解释会让孩子感受到尊重，也消除担忧。同时也能让孩子面对现实，如果父母都遮遮掩掩，不能接受和面对离婚的事实，孩子更是茫然。

充足的爱

抚养孩子的家长，不要说未抚养孩子的家长坏话，对于孩子，无论父母之间的感情如何，都是孩子在世界上最亲近的人，离婚后父母双方互相攻击，等于攻击孩子的心灵。爸爸妈妈一定要在孩子成长和教育上协商，即便分开了，也要给孩子足够的爱，未承担抚养责任的一方家长，要定时抽时间探望孩子、陪伴孩子。抚养孩子的一方家长不要阻拦未抚养的一方的探望，离婚后还能得到父母双方充足的爱，对孩子健康成长、性格养成是有利的。

多多沟通

有些离婚家庭的孩子心里有怨气，一定要和孩子多沟通，让孩子知道他不是被抛弃的，不是没有人爱的，也不是这个世界上只有他一个人是这样。结婚和离婚都是追求幸福的方式，生活在单亲家庭一样可以拥有幸福。

正常教育

单亲家庭孩子，除了家庭不完整以外，其他的东西都和别人是一样的。所以父母不能因为是单亲家庭，就觉得有愧于孩子，就对孩子百般迁就，这样不但不利于孩子成长，还可能让孩子的认知和情感扭曲，总认为父母欠他的，为他做什么都应该。即便是单亲家庭，对孩子尽量还和以前一样，正常就好。

集体活动

鼓励孩子积极地参加集体活动。父母离婚，孩子往往心情会很不好，不喜欢社交，父母应该鼓励孩子参加集体活动。鼓励孩子发展自己的兴趣，比如让孩子学习乐器、唱歌、绘画等，孩子有了兴趣爱好，精神生活充实了，性格也会更加开朗。

父母成长

无论离婚原因是什么，有一条是可以肯定的，双方经营家庭的能力有待提升。所以，即便两个人离婚了，也要有学习的意识，学习不是大学毕业就结束了，而是终身学习，哪个方面欠缺就学习哪个方面。离过婚的人更要参加婚恋家庭、心理成长、家庭教育等相关的学习，不断优化自己思维方式，帮助自己，也帮助孩子活出更幸福的状态。

Chapter 5
社 交

　　一个孩子不懂得如何交友、不具备社交能力会对他的成长产生巨大影响。经调查，长期不会交友的孩子多数自信心不足，在青春期时，他们会比较容易叛逆，更容易逃学。

　　在培养孩子自信心的过程中，朋友起到了很大的作用。想让孩子在生活中得到认可，提高与他人和睦相处的能力十分重要。社交技能是家长帮助孩子提升的关键技能之一，也是最容易引导的技能之一。

孩子不和陌生人说话

孩子小学一年级入学后，在班上从不主动和同学说话，也不和同学一起玩儿。孩子爸爸经常出差在外，我上班也很忙，平时都是奶奶照看，但我有空闲时也尽量带孩子和小朋友玩。孩子行为举止都很正常，就是一见陌生人就很害羞，躲在一旁，不敢说话。

这个孩子的表现属于社交性退缩，导致儿童社交性退缩的原因是多方面的。有的属于气质性社交障碍，生性腼腆、胆小；有的属于挫折性社交障碍，由于曾经社交情境中有过不愉快的经历而导致，比如被人呵斥而产生自卑，从而逃避与人交往。这个孩子则是由于家庭环境形成了封闭性格，孩子缺乏足够的与同伴交往的实践而不知如何与人交往。

■ 教育良方：

父母陪伴

孩子早期成长经验影响着孩子的性格形成，最佳的性格培养期就是小学前，现在孩子刚上小学，父母就要抓紧一切机会多多陪伴孩子，父母在身边，孩子才会心安。父母的陪伴可以增强孩子的安全感，孩子有足够安全感，心里有底气，才会更好地和陌生人交往。

如果父母长期出差，不在孩子身边，爱不要远离，比如每天给孩子打个电话，不时给孩子邮寄个礼物，出差回来之前提前和孩子约定陪孩子出去玩等，能让孩子感受到父爱母爱。父母充足的爱是孩子正常人际交往的支撑。

多多肯定

不敢与陌生人交往的孩子往往自信心不足，有些胆怯，父母应该对孩子给予更多的表扬和鼓励，关注孩子的微小进步，哪怕是很小的进步也予以肯定。孩子自信了，性格开朗，也就有更多的勇气去接触更大的世界。

引导交往

父母可以带孩子多参加同伴活动，比如学校组织的元旦晚会、六一儿童节等活动，鼓励孩子参加。周末、节假日多带孩子去游乐场，游乐场里小孩子多，玩耍娱乐的同时很容易自然而然地接触到小朋友，这样也可以逐步改善孩子性格。需要注意的是，如果孩子确实暂时不愿意和陌生人交往，家长不可强求，越是强迫孩子，孩子越是害怕、适得其反。

理解孩子

龙生九子，各有不同。每个孩子都是不同的。孩子不敢和陌生人说话其实是一种正常状态，是孩子自我保护的一种模式，无需强求孩子一定要胆大活泼、主动交往陌生人。违背孩子性格的教育，只会让孩子更焦虑。孩子的成长需要十几年的时间，家长不要急于一时，要有充分的耐心，等待孩子成长、变化、进步。

孩子打架

孩子在幼儿园就经常和小朋友打架，当时也没注意，觉得孩子还小，打打闹闹很正常。现在孩子都上小学三年级了，老师说有好几次孩子在学校和同学们动手，该怎么教育孩子才好？

其实打架是一种攻击性的释放，而孩子之所以要释放自己的攻击性，通常是因为他们需要保护自己，比如有人羞辱他、欺负他，或者他觉得自己的自尊、边界受到侵犯，这时他就会用打架的方式来维护自己权益。

打架和欺凌之间是有区别的，如果孩子只是为了维护自己的权益，那么这种行为就不能被定义为是欺凌。欺凌更多是以多欺少，或者是羞辱，又或者是用一种没有规则可言的方式来进行的恶意行为，而打架则是一种有规则的竞争，彼此之间是有约定的，不是单方面的欺凌。所以，作为父母在处理孩子打架这个问题时，首先要注意区分打架和欺凌的不同。

■ 教育良方：

不怕事不惹事

我们不能一刀切，所谓的"一刀切"就是不允许孩子打架，或者认为孩子只要打架了就是坏孩子。有些父母会对孩子打架这件事产生一种羞耻感，认为这是坏孩子才会做的，或者认为这是有违道德的，所以他们会非常焦虑，不知道怎么做才能让孩子变回他们心中的"好孩子"。

这种一刀切，其实会带给孩子一个很大的困惑，就是当别人侵犯自己时，他会不知道要怎么做才是正确的，是不是只能够不断地逃跑或躲避？因此，我们不能一刀切地告诉孩子，你打架就是不对的，而是要分情况跟孩子一起去探讨，打架是否真的对这件事有帮助或者是否有比打架更好的解决方式？

首先给孩子树立一个观念"不怕事不惹事"，因为这是尊重别人，也是尊重自己的体现。孩子打架打赢了，要让孩子反思，如果是自己主动惹事，打了别人，要主动去道歉、寻求谅解，矛盾宜解不宜结。当孩子打架打输了，我们需要给孩子提供心理上的支持，告诉他要如何去让自己变得更强大一些。获得父母支持，对于孩子来说其实很重要，特别是当他在跟别人的对抗中失败了，其实他心里挺难受的，而且我们平时的教育，都是让孩子不要去打架，所以他会有一些愧疚、羞耻的感觉。

学会保护自己

很多家长都没有这样一个意识，就是告诉孩子怎么做才可以保护自己。比如万一打架不可避免，而且打不过别人时，要保护身体重要部位，双手抱住头、护住脸，全身蜷缩减少受攻击面积。

遵守游戏规则

如果孩子已经发生了打架事件，我们要看看他有没有遵守一些规则。我们所说的规则，就是他有没有单方面欺凌别人，或者打架输了以后有没有进行一些报复行为，比如孩子叫上其他朋友，去打一个孩子，那不是打架，那是欺凌，这是一种违背规则的情况。

告知打架坏处

打伤别人会怎样？被别人打伤会怎样？打架是否有利于解决问题？孩子在成长过程中，需要面对的事情，家长必须让孩子学会面对，打架可能造成的后果也必须要让孩子知道。

孩子不合群

孩子上四年级了，这几天回来闷闷不乐，问了几次，她说同学们不喜欢和她玩，我也不知道怎么引导孩子比较好。

孩子从上幼儿园开始，就开始进行社会融入，而到了小学高年级、中学阶段，同伴交往对孩子很重要。小学生的交往价值观没有形成，和谁玩、不和谁玩，往往是凭感觉。

孩子回家愿意和父母分享在学校不开心的事情，这很值得肯定，说明孩子和父母的关系还比较亲密，同时也可以看出孩子有主动和同学好好相处的意愿。

只要是孩子向父母求助的问题，无论是学习，还是人际交往，父母都应重视，千万不可以"别胡思乱想，好好学习就行了"一句话打发了孩子。孩子情绪抑制，很可能以后和同学们相处不好，导致学习也会受到影响。

■ **教育良方：**

培养孩子好品格

温暖、阳光的人往往更受欢迎，一个人如果太孤僻，看问题太负面，往往不受大家喜欢。要想孩子品格好，家长要先培养好自己性格，行为举止给孩子作榜样，家长自带光芒，孩子自然阳光。父母要教育孩子严于律己、宽以待人、互相信赖、彼此尊重，培养孩子团结合作的精神。

教导孩子赞美人

想要被别人接纳、喜欢，赞美人，不是捷径，是秘诀。每个人都希望被肯定被欣赏，如果我们能看到别人的闪光点，也容易受到对方的关注和欣赏，同样容易融入群体。需要注意的是，赞美人不能太空洞太过分，不然让人觉得太假，那就适得其反了。

引导集体交往

不被同学接纳的人往往是太过于与众不同，而融入集体的最好方式就是做和大家有共同点的事情。节假日带孩子去公园或去亲朋好友家做客，积极创造条件让孩子与小伙伴一起玩耍，开始时父母可陪伴在旁与他们一起做游戏，当熟悉之后可让他们自己玩。

参加体育活动

体育是一种直接与人正面接触和竞争的群体活动。不论是棋类还是球类，不论是田赛还是径赛，总是要有两个以上的人参与才有意义。鼓励孩子经常参加各种体育活动，有利于提高孩子的身体素质，有利于培养兴趣，也有利于提高交际能力。

多带孩子旅游

利用节假日与孩子一起走出家门外出旅游，走向社会、走向大自然，既可以增长见识、陶冶性情，也可以培养兴趣、开放胸襟。

培养合作能力

父母可以交给孩子一些单独一个人难以完成的任务，鼓励孩子与别人合作完成，或向父母求援完成，增加他与别人交往的机会。教孩子懂得一个人的力量很小，有些事情办不到，而大家一起做，事情就好办了。

孩子欺负人

> 孩子上幼儿园大班了，虽然是个女孩，但她与小朋友交往过程中，动辄喜欢用"暴力"解决问题，甚至在不明原因的情况下上去就打人。请问怎么矫正孩子的行为呢？

孩子出现打人行为，原因多种多样，主要有以下几种：

1. 交往技能不足。遇到问题时不懂得艺术地解决问题，便简单地采取打人的策略，特别是在多次动手打人都能达到预期效果后，就更容易认为"打人"是他左右这个世界的有力武器，自然就会频繁借助它的威力了。

2. 安全感不够。遇到非常态的环境，就容易紧张，进而通过打人来先发制人、自我保护。

3. 教养方式不当。如果养护者在教育过程经常采取暴力方式，对孩子来说就是一种消极影响，一是孩子可能会习得这种处理问题的方式，二是受到责打的孩子可能把不良情绪发泄在其他人身上。

■ **教育良方：**

1. 适时进行交往技能的教育，引导孩子通过非暴力的方式达到自己的目的，并及时鼓励孩子的正确行为。

2. 利用孩子善于模仿的心理特点，给他讲一些正面的故事，为他树立一个榜样原型供模仿。对孩子的交往圈子最好有个控制，少让他和一些爱动手的孩子来往。

3. 对于已经具有一定语言能力的孩子，可以引导他说出打人的原因，对症下药，及时处理。

4. 父母在家不要打孩子。如果家长在家靠打孩子解决问题，他也喜欢用打架来解决问题；父母要减少体罚，换个角度和孩子商量，听孩子的理由，让孩子从父母身上学会怎样和别人合理的沟通处理问题，而不是用打架来解决，教会孩子学会原谅别人，不要过于计较。

5. 让孩子远离暴力游戏。孩子擅长模仿，很容易学习一些影视动画或电子游戏中人物，家长对孩子看的影视剧、玩的电子游戏要有所了解，如有暴力性质的、攻击情景比较多的游戏动画场面，就予以禁止；现在手机、平板、电视一般都能设置青少年模式，家长可以后台管理，给孩子一个干净的网络空间。

孩子说话不礼貌

> 上周末，我们公司加班，顾不上照顾孩子，就让儿子的小姑带着儿子外出就餐。回来后，儿子小姑告诉我，在吃饭时，她让孩子少吃些冰激凌，孩子却说："你又不是我妈妈！别整天唠唠叨叨！多管闲事！"

> 孩子不礼貌的现象现在很普遍，不少孩子是在"蜜罐"里长大，在"温室"中呵护着，家长精心养育，孩子有不礼貌现象，甚至对长辈有些跋扈，可家长总觉得没什么。
>
> 孩子是一面镜子，看到孩子行为，家长要反思自己的教养方式，家长改变，才能影响孩子去改变。

■ 教育良方：

倾听孩子

孩子虽然不礼貌，但心里肯定有自己的想法，如果直接要求孩子对不礼貌的行为道歉，反而会引起孩子的逆反，即便道歉了，可能孩子从此更排斥，对以后并无益处。充分倾听孩子，让孩子说出他的想法，可能孩子已经做好了回家挨一顿批评的准备，可家长反而是和颜悦色的对待他，让孩子放下戒备，感受到父母的关心，孩子才能接受父母的教育。

要求道歉

虽然孩子的道歉并不是认真并发自内心的，但这是给他一个教训，即他必须为自己的行为负责，并且让他学会如何弥补其所做的错事。也许以后他还会犯同样的错误，每次都让他道歉，他就会渐渐地接受教训，不再犯或者减少再犯类似的错误。

以身作则

父母教育孩子的过程中，切记：身教大于言传。孩子有没有礼貌不是天生的，是后天培养出来的，孩子天生就喜欢模仿别人，所以爸爸妈妈在生活中要注意自己的言行举止，注意讲礼貌，尊敬老人，给孩子树立一个好的榜样。

教导表达

父母教导孩子如何表达自己的想法，而不是用顶撞的方式去攻击他人，比如可以说"我很喜欢那种冰激凌，平时很少能吃到，我再吃一个就好了"等。

给予建议

父母要掌握一些生活常识，吃正餐时的确不适合吃太多冰激凌，很容易引发肠胃炎，把生活常识告知孩子，给予建议。

合理奖惩

如果孩子在适当的场合表现得体，或者展现出有礼貌的良好举止，就奖励一张贴画；如果表现粗鲁无礼，就拿走一张贴画。当贴画积累到一定数量时，可以让孩子选一件自己喜欢的小玩具或书籍，进一步强化孩子的礼貌行为。

孩子不愿意分享玩具

大宝5岁，二宝2岁半，大宝的东西不让二宝动，二宝一动，大宝就大吵大叫地嚷着"这是我的""不让弟弟坐我的小凳子"之类的。新买的玩具，大宝就抢到手里，占为己有。怎么让大宝谦让弟弟，学会分享？

孩子随着自我意识的发展，逐渐出现了对自身所有权的主张，并尝试着努力维护这种所有权，有时候这种所有权意识来得相当广泛，即使那些原本不属于他的，但看起来很好或者只是他先发现的好东西，他也会去主张自己的所有权，于是就发生了在成人看起来有点"自私""霸道"的独占行为。但这种行为只是阶段性的，随着孩子分享意识的发展，这种独占现象将有所减少。

二胎家庭或者多子女家庭容易出现争夺玩具所有权的现象，甚至延伸到争夺食物、争夺空间、争夺爸爸妈妈等现象。每个孩子都渴望更多的爱，二宝出现后，大宝发现，原来全部属于自己的玩具、爸爸妈妈，竟然被他人分走一半，就会表现得很明显，要去维护自己的权益。二胎家庭和多子女家庭要教导小孩子要尊重大孩子，这样大孩子才会谦让小孩子，一味的要求大孩子让着小孩子，并不利于孩子成长。

■ **教育良方：**

1. 理解和包容他们的行为。孩子的这种行为只是阶段性的，是孩子自我意识发展进程中的正常表现，没有道德意义上的动机，理解和包容他们的行为，不要乱给他们带"自私""小气鬼"之类的帽子。

2. 尊重孩子的所有权意识，可以给孩子讲分享的道理，但不强迫孩子分享，否则孩子在刚刚学会主张自己权益的时候就习惯于被剥夺，成人后容易缺乏界限，别人侵犯孩子的权益，孩子也不敢反抗，或者是孩子自己不尊重别人的界限，随意侵犯别人权益。

3. 在家里树立大宝的地位，教导二宝要尊重大宝，父母也要注意照顾大宝的情绪，让大宝感受到：二宝的到来，并没有让他得到的爱有所减少。这样大宝就会接受二宝，就会愿意和二宝分享玩具。

孩子很粘妈妈

> 孩子小时候一刻也不想离开妈妈，妈妈在场就不让别人抱，妈妈离开就大哭大闹难舍难分。刚开始还觉得孩子就是和妈妈比较亲，我们还挺高兴，现在孩子都上幼儿园大班了，还是这样，怎么做才好呢？

> 孩子这么粘妈妈是因为和妈妈以外的亲人没有建立好安全的依恋关系，离开妈妈，和其他人相处便感到不安。
>
> 孩子依赖妈妈是个假象，孩子天生有独立的愿望，当孩子会走路后，他就想自己去探索世界。有的家庭中看似孩子很依赖父母，其实是父母不愿意放手，父母潜意识里很依赖孩子，舍不得放手，担心孩子做事情做不好。
>
> 家长大胆放心地让孩子去做自己的事情，哪怕刚开始孩子做得不好，家长也要坚持不去干涉，久而久之，孩子就能学会独立自主。

■ 教育良方：

陪伴孩子

孩子黏人时，千万不要强行推开，认为这样就可以培养独立性，这种想法只能说是一厢情愿。只有从妈妈那里得到足够的情感满足，孩子才会建立起安全型的依恋关系。爸爸要多陪伴孩子，和孩子建立正常的亲子关系，慢慢地引导孩子和其他亲人、和小朋友相处。有不少爸爸在家庭中是隐形的，孩子缺乏父爱，就缺乏力量。

学会放手

给孩子独立成长的机会和空间，鼓励他有自己独到的见解，尊重他的自主权。比如孩子的衣服、鞋子，孩子喜欢穿什么颜色款式的，家长不必按自己的眼光选择，尊重孩子的选择，哪怕他的审美很没眼光，也要给孩子选择的机会。

允许失败

让孩子学会面对失败，不要做孩子的拐杖，而是引领方向。孩子做事做得不太好时，不要批评、不要打压，不然孩子又退回到幼儿阶段的心理状态，更是依赖父母，什么也不敢做。

引导独立

把自己交给孩子去"粘"并不意味着可以放弃对他的引导，在陪伴孩子的同时，不妨加强对其独立性的培养，比如有意识地陪孩子做些游戏或简单家务，并不时夸赞孩子在这个过程中所表现出来的能力，这样就可以让他意识到自己的力量，从而增强他"掌控"生活秩序的信心。

不要吓唬

不要对孩子说"大灰狼来了""警察叔叔来抓你了""你再这样，妈妈就不要你了"之类的话，否则孩子的安全感将受到伤害。

< # 孩子做事喜欢讲条件

孩子上小学了，比较懒，什么也不做，一让他做点什么事，他就讲要求，喜欢讨价还价，满足了要求才会做，怎么才能改变孩子这种问题呢？

孩子喜欢讲条件，说到底还是家长之前的教育方法有问题。中国有句俗语，叫"看人下菜碟"，小孩子与家长的互动模式是在长期的生活经验中总结出来的，因为孩子平时在家里熟悉了家长的行为方式，并且知道如何应对。

家长可以思考一下，以前是否当自己忙于其他事情，或者"偷懒"不想多费精力管教孩子时，就喜欢用物质来激励孩子，为了让孩子做家务或者写作业甚至为了让孩子少闹腾会儿，都给予奖励。如果常常给孩子物质奖励，往往会让孩子变得功利，凡事讲条件。

同时，我们要看到，孩子讲条件并非都是坏事。孩子开始和父母讲条件，实质是开始尝试通过这种表达方式去获取他想要的东西，这正是孩子动脑筋想办法争取权利的表现，也是孩子思维发展的一个标志。随着孩子独立思考能力的提高，他对他人心理的猜测能力以及自我权利意识都会随之增长。

家长对孩子行为要看到两面性，因势利导，同时多反观自身行为，从自身找原因，才能改变自己、影响孩子。

■ 教育良方：

激发兴趣

兴趣才是孩子最大、最持久的动力，父母对孩子最好的奖励办法就是引导孩子对事物具有进一步探究的机会和尝试的欲望，并对此保持兴趣。当孩子把事情做好了，父母可以给孩子一个满意的微笑、赏识的眼神、亲切的拥抱等精神鼓励，这样孩子的满足感也不比物质奖励差。

理解孩子

讲条件是孩子形成自我认知、自我意识发展的必经阶段，如果一个孩子非常听话、唯命是从，并不是家庭教育的成功。作为家长，对待孩子的要求不能不讲究情面，否则亲子关系就会生疏很多。我们能做的就是"温柔而坚定"，对原则问题严格要求，对无关紧要的要求，可以根据家庭情况适当满足孩子。

树立规则

孩子爱讲条件，父母就要设定一个大家都能接受的规则。在家庭内部发扬"民主"之前，家长应该跟孩子有一个约定：任何讲条件的行为都不能无休止地进行下去，大家要按事先约定的条件执行，不能无止境地答应孩子提出的要求。要告诉孩子哪些是作为家庭一员应承担的责任和义务，比如一起参与家务，按照力所能及的原则分配任务。

一旦规则制定，就必须按照规则来执行，否则孩子会以为规则可以随意突破，这样规则本身就没有了意义，孩子又会故态萌发，再次教育效果会更差。当然，事物是变化的，规则不适应了，一家人可以用家庭会议的方式重新修订规则。

注意事项

有些家长对孩子的要求往往会按照自己的心情来决定，如果心情好就同意孩子的要求，心情不好就十分严厉。时间一长，孩子就变得要看家长的脸色行事，凡事小心翼翼，跟人交往也不自信，产生自卑的心理。过分强调家长的权力，会让孩子缺少自主的感觉，导致自我效能感极低，认为自己不能很好地完成任何事情，也会伤害到亲子之间的关系。也许生活中纷繁的事情很多，家长们不要让自己的心态和情绪给孩子造成较大的内心波动。

Chapter 6
目　标

　　父母最重要的任务之一，是帮助孩子成为更有能力的人。教会孩子学习确立目标，能帮助孩子成为更主动的人。确立目标会给孩子一种能控制生活的感觉，它教会孩子怎样选择他们想要达到的目标。确立目标能培养孩子计划的能力，锻炼孩子学会怎样制订计划、列出步骤和需要的资源，从而提升孩子自主学习能力。

　　虽然父母愿意鼓励和引导孩子，但是家长们最终希望孩子能够确定自己要走的路，并引导和鼓励自己，这样在今后的人生道路上孩子才能成长为完全独立的人。

孩子注意力不集中

> 最近孩子老师几次向我们反映孩子的问题，说孩子上课不是开小差，就是在不停地动来动去、说话，做小动作，注意力集中的时间很短。孩子这样，我们该怎么办呢？

孩子注意力不集中的原因是多方面的。

生理原因：由于孩子大脑发育并不是很完善，神经系统兴奋和抑制过程发展得极其不平衡，所以使得孩子的自制能力很差。其实这些都是很正常的，只要适当地进行训练，随着孩子年龄的增长，这些问题都会改善的。

病理原因：有的儿童脑内的神经递质代谢不太正常，或者有的孩子有听觉或者视觉障碍，对上课学习内容没有办法去注意视听或者视若无睹。

环境原因：如果孩子的学习环境太混杂，也会干扰到孩子的注意力，尤其是学习环境里有一些是孩子比较感兴趣的事物。

饮食原因：多吃甜食、过多服用含食物添加剂的饮料或食物等，这些食物会刺激孩子的情绪，影响到他的专心程度。

心理社会因素：比如父母关系不和、家庭教养方式不当、父母性格不良、家庭经济困难，或者是孩子人际关系不好，学校的教育方法不当等不良因素均可能让孩子无法静心、心思比较乱。

■ **教育良方：**

环境单纯

孩子的注意力是很容易被分散的，孩子学习时很容易被周围事物吸引。因此，在孩子做某件事的时候，把这个空间中的东西进行一下整理，把一些能够吸引孩子注意力的东西拿走，这样才能够让孩子足够专注。不管是家里还是学校里，都教导孩子把书桌整理得简单干净，只放置必要的学习资料和用具。

目标单一

人的注意力资源是有限的，分配在不同性质的事情上面，会严重消耗注意力的有效性，尤其是孩子的注意力正在发展过程中，同时进行多件事情，会损害注意的有效集中。让孩子一次只做一件事情，哪怕当孩子玩玩具的时候，也要关掉电视机；当孩子做作业的时候，不要放音乐。

不去打扰

孩子在家里做作业时，家长不要一会儿关心孩子是否觉得冷或热，一会儿问孩子是否吃东西喝水，给予孩子一个安静的空间，让孩子自己掌控。如果孩子渴了却不知道喝水，说明孩子进入了比较难得的沉浸状态，越是这种状态越不要打扰孩子，这种状态下学习效率高，能让人有一种很愉悦的感受，也会进一步增强孩子对学习的兴趣。

控制时间

孩子的大脑发育相比成人还是不够健全的，因此他们能够专注地做某件事的时间也比较短，要把握好这个时间，让孩子得到适当的休息。其实小学生上一节课 40 ～ 50 分钟是偏长的，老师如果能上 15 ～ 20 分钟就让孩子稍微休息一下，比如做个课堂小游戏，活跃一下气氛，也让孩子们大脑神经放松些，然后再次学习，这样学习效率是比较高的。

减少刺激

孩子的心智还不够健全，很容易被别的东西吸引，因此在做事、看书或者是玩玩具的时候，不要让孩子有太多选择。游戏对孩子的吸引力是很大的，因此如果过于迷恋游戏，孩子就很容易注意力不集中，因此对孩子看电视、玩游戏一定要有时间限制，建议每天不能超过40分钟，还必须是孩子完成作业的前提下。

睡眠充足

只有休息好了才能够更好地补充精神，白天的时候才会有足够的精力去做一些事情，因此一定要让孩子睡好。

任务定量

让孩子在规定时间内分阶段完成学习任务，改定时为定量。如果孩子能够专心完成，父母要给予一定鼓励（比如表扬、抚摸、亲吻等），并让他休息5～10分钟，再以同样的方式完成下面的学习，比如原来是每天1个小时用来写字，现在只需要规定每天写3页，完成后孩子就可以支配自己的时间。

孩子做任何事都提不起劲

孩子最近很懒散，做什么都无精打采，什么也不想做，什么也不感兴趣，这种情况怎么办？

孩子这样可能是营养不足，也可能是睡眠不足，也可能是心理抗拒，因为家长描述得太笼统，没办法具体分析，不过可以给大家提供一些建议，大家根据自家情况综合运用。

■ 教育良方：

营养充足

现在孩子整体不缺营养，但可能有些孩子缺少某方面微量元素，家长可以给孩子检查一下，如果缺少微量元素，就根据医生建议及时补充。

睡眠充足

不少家长晚上熬夜，孩子也熬夜，睡眠时间不足，睡眠质量不佳，就像电动车没充上电，自然跑不快。人睡眠不好，精神不佳，自然是无精打采，做什么也提不起劲头。

加强锻炼

身体素质是一切的基础，有的孩子就整天活力满满，有的孩子就比较蔫，经常锻炼身体，增强体质，充满活力，也是孩子做事的一个保障。

培养兴趣

有时候孩子不愿意做事情，是内心有抗拒，不知道为什么这么做，无法理解事情的意义，就缺乏持续做下去的动力。

肯定孩子

孩子做事情缺乏经验，难免有所差错，如果每次做完，家长不肯定孩子正面之处，还挑刺；久而久之，孩子不断受到打击，也就丧失了兴趣。多看孩子的优点，孩子的每个小进步都加以肯定和认同，建立孩子的自信和兴趣。

给予自主

有些孩子做事情不是自己安排、自己计划，而是被安排被计划，父母要求太严格、掌控太多，孩子没有自主性，就以消极态度来对抗。尽量让孩子在生活中学习中多自己做主，父母不要太多干涉，自主做事情，孩子才有积极性，也能培养孩子的责任心。

孩子缺乏目标感

孩子上小学五年级了，一直没有个明确的目标，怎么指导孩子制定一个比较有效的目标？

建立目标，不能是心里想到、脑子一热就去制定，这样制定的目标很少能有始有终的。培养孩子目标感，并不是单纯从学习上就可以培养好的，人的心理品质是可以迁移的，可以从生活中做事情来培养孩子做事设立目标的习惯，比如周末计划去哪里玩，去超市买东西都买什么等，生活中养成了做事设立目标、根据目标行动的习惯，那么在学习上也会如此的。

■ **教育良方：**

有效的目标要包含以下因素：

1.用正面词语表达。潜意识习惯接受正面词语，比如目标是"我要成为班级前20名"，而不要是"我不要成为倒数10名"。

2.目标表述清楚明确且可以测量。比如"我要成为一个上进的学生"，这就是一个比较模糊的表述，怎么样才算上进呢？是每天按时到校还是每天读一篇文章？

3.目标有时间限制。比如孩子想把语文分数提升到90分，是这学期完成还是下学期完成，要有个时间期限，没有时间期限的目标是无效的目标。

4.目标符合"三赢"。"三赢"就是"你好、我好、世界好"，制定的目标不能对他人产生负面影响。

5.目标是自己可以完成的。比如"我要班级学习成绩第一名的同学和我坐同桌"，这就不是一个单靠自己就能达到的目标，这样的目标需要依靠别人实现，就不算有效目标。

6.目标对自己是有价值的。目标完成后对自己的价值、好处是什么，自己可以得到什么，或者有什么感觉？一定是孩子自己的目标，而不是父母的目标。

Chapter 7

潜　能

　　每个孩子都有潜能，决定孩子的潜能是被埋没还是被开发的最主要因素通常是父母。父母要相信自己的潜能，也要相信孩子的潜能，一定不要把自己受限制的思维强加到孩子身上。你不知道你的影响会引导孩子走向哪里，你的孩子可能会将他的才能发展为一生的习惯。新的兴趣会帮助孩子结交朋友，并发现适合的终生事业；也能够帮他提高自信心，补偿自己的缺点……无论什么结果这样做都是有益的。

孩子贪玩不爱学习

<

 孩子从四年级开始，就感觉学习劲头下降了，比较喜欢玩，到了五年级感觉孩子更是很明显地对学习不上心，问孩子，他说学习没什么意思。怎么才能让孩子对学习产生兴趣呢？

爱玩本身是人的天性，人是追求快乐、逃避痛苦的。孩子喜欢玩、不喜欢学习，说明玩的快乐大于学习的快乐，也可能是对自己的学习能力丧失了信心，认为自己学不会、做不到，形成"回避失败"的行为倾向。学习从来不是一件容易的事，你想要孩子主动去做"不容易"的事，那你也要去做一些"不容易的事"。

新时代的家长要掌握一个思维方式：跳出问题看问题。单纯地从学习上找方法解决学习问题，往往是"按下葫芦浮起瓢"，治标不治本，甚至连标也治不了。多关心孩子，培养一个人格健全的孩子，孩子自然有动力去做他应该做的事情。

■ **教育良方：**

健全人格思维

学习很重要，但学习只是孩子人生的一个方面，一直盯着孩子的学习，孩子反而觉得很没意思。家长眼中不能只有学习，而是要培养一个全面的人，我们要看到一个身体逐渐成长，性格、人格都在发展的完整的人。如果孩子感受到原来父母不是只关心我的学习，而是关心我这个人，孩子的生活就活起来了，不然别说是学习没意思，做任何事都感觉没什么意思。

以身作则

活到老、学到老，父母要经常读书、读杂志、学习自己感兴趣的东西，向孩子表现出对学习的热爱；经常谈论令你感兴趣的事情，告诉孩子你所学到的各种新鲜有趣的知识。让孩子感受到你对学习的兴趣，他自己就会被感染。

发现学习价值

比如在工作上遇到和英文或者和计算有关的问题，可以向孩子请教，让孩子发现原来我学的东西这么有用，还可以帮到爸爸妈妈，他就油然而生一种成就感。当然，父母要仔细准备，选择的问题不能太难，不然反而打击孩子的学习兴趣。

生活学习结合

让孩子制订家庭旅行计划也许会使他爱上地理；让孩子学会剪报也许会使他留意政治、新闻；带孩子参观博物馆、图书馆，带孩子走入大自然去郊游、旅游，引起他认识事物、研究事物的兴趣，让他对周围事物和现象产生兴趣和热爱，渴望获得知识。平时散步、购物、访友时走进书店，阅览图书等。

适度自由

现在孩子们的压力已经很大了，家长不应该再给孩子施压了，可以要求孩子把学校的作业无折扣的完成，其余时间自由安排，让他快乐成长！父母管教约束太多、限制太多，超过一个临界点，孩子就不太愿意再去学习，因为本来是他自己的事情，变成了父母的事情，要把学习还给孩子。

孩子不愿意做作业

我和孩子爸爸学历都很低，希望孩子能够好好学习，以后有个高文凭，为了孩子学习，我们什么事情都不让孩子做，全力做好后勤保障，可是孩子就是缺一股劲，回到家也不愿意写作业，多次催促才磨蹭着去写。孩子五年级了，下学年就要小升初了，应该怎么办才好呢？

其实孩子不愿意做作业，是一件很正常的事情，试问有几个孩子是特别喜欢做作业的呢？作为父母，有时我们会过度焦虑，因为孩子一次或者一段时间不愿意写作业，就觉得孩子不可救药了，我们越是焦虑烦躁、对孩子施加压力，孩子对作业越是排斥、越是不愿意写作业。

有时候孩子抗拒写作业，可能有多方面原因，比如和学校老师关系紧张，由排斥老师到排斥写作业；也可能是家长对孩子照顾太周到，生活中任何事情都不让孩子做，孩子成了一个学习的"机器"，他感受不到作为一个活生生人的喜怒哀乐，虽然家长认为这是周到的照顾，但是对孩子而言未必如此，也可能孩子认为这些都是禁锢。

要想让孩子好好学习，主动写作业，需要提升孩子的责任心，让孩子对生活有兴趣，所以培养一个好学生之前，要先培养他成为一个合格的人，一个人格健全的人。生活品质可以迁移到学习品质上，一个生活中和父母能够和谐相处的孩子，也能够学会怎么和老师相处；一个生活中能承担自己责任的孩子，比如自己洗衣服、分担家务等，同样在学习上也会有责任感。

父母要培养优秀的孩子，一定把孩子当成一个完整的人来看，不可能生活中是"懒小孩"，在学习上就成了"勤奋小孩"。

■ 教育良方：

提供环境

我们可以给孩子一个比较好的环境氛围，有让他有可以安心做作业的空间，这个空间分为物理空间和人为空间。在物理空间上，我们可以提供一个比较安静舒适的房间；在人为空间方面，我们不主动去打扰孩子。有些家长很焦虑，特别是妈妈，看到孩子在做作业的过程中似乎碰到一些难题，需要停顿一下的时候，她就去说孩子"你是不是在偷懒？"这是父母干涉太多的表现，孩子没有一个合适的人为空间，他自然没办法静心地去完成自己的作业。

时间合理

孩子的注意力集中的时间比较短，5～6岁儿童注意力集中时间约为10～15分钟，7～10岁儿童注意力集中时间约为15～20分钟，10～12岁儿童注意力集中时间约为25～30分钟，12岁以上儿童能超过30分钟。

孩子做作业几十分钟后，可能需要休息一下，家长要能理解。当然这个休息不能看电视玩手机，不然孩子再次把心思放回到学习上就比较费劲；可以让孩子伸展下身体，喝点水，简单活动一下。

做好约定

我们可以跟孩子约定一个固定的模式，帮助他培养按时写作业的习惯。比如爸爸妈妈跟孩子说："晚上八点至九点是咱们的家庭学习时间，是你做作业的时间，也是爸爸妈妈的看书和工作时间，总之我们这个时间段不会做其他的事情。"这样跟孩子约定一个固定的模式，既可以帮他养成按时写作业的习惯，同时我们也当了孩子很好的陪伴者和支持者，父母也可以借此机会提升下自己的知识水平，活到老、学到老，全家一起进步。

培养责任

做作业本来是属于孩子自己的责任，如果他无法很好地完成作业，也许我们更多的是去培养他的责任心。生活中凡是属于孩子的事情，都由孩子自己来承担；如果他能力达不到，需要父母帮忙时，由孩子主动提出来帮助请求，而并非父母包办一切。

孩子成绩下滑严重

> 孩子读初中时是在一个重点初中，成绩年级中等靠上，如愿以偿考上了市里的重点高中，可是上高中后，孩子成绩却一直下滑，我们怎么做才好？

有些家长在孩子成绩下滑时，没有理解没有支持，只是去责怪、去羞辱、去比较，用自己所认为的好像是激励的方式去要求孩子，可孩子并没收到激励，孩子收到的只是挫败感、内疚感。

家长不能只向孩子要结果，也要关注孩子的学习过程，可能孩子成绩下滑，但孩子本人确实努力了，只是因为学习方法不到位，或者对学校不适应等影响；也可能有时家庭关系不和谐，家庭氛围让孩子感觉不安全，他很担心家庭，也会分心。

成绩是一个多因素作用的结果，有因有果，家长不能不问因只问果。

■ 教育良方：

不打击

孩子学习成绩下降，不仅父母头疼，孩子自己也是有很大压力的，父母切忌再去打击孩子，否定他之前所有的努力，羞辱或者威胁孩子，如果这样加剧孩子的压力，于事无补，可能还会影响孩子的学习状态，甚至让孩子破罐子破摔。相反，家长的角色更多的是一个理解者、陪伴者、支持者。

找原因

事出必有因，孩子可能遇到了一些难题，比如青春期的孩子，他处理内心的冲突的时候，有可能会在学习方面有一些松懈；或者孩子的人际关系出了一些问题，以至于他把自己封闭起来了，无法很好地专注于学习；甚至可能是某个科目换了老师……这些都有可能会影响到他的学习成绩。家长更多的是帮孩子找到原因，而不是主观地武断地加一个原因，比如说"你就是学习态度不好，不够认真""你看太多电视了""你就是不好好学习，就知道玩"等。

父母帮孩子找到一些客观原因，实际上是对孩子的一种肯定，同时能缓解他学习成绩下降的挫败感。因为孩子也希望自己能够成为一个学习优秀的人，我们首先要这样设定，而不是一开始就预设了孩子是不爱学习的，这就是在攻击孩子了。

给支持

帮助孩子找到成绩下降原因的积极意义，其实是对孩子最大的支持。"凡事发生，必助于我"，一件再糟糕的事情，也一定能够找到积极的意义；而只有找到了积极的意义，这件事情才会过去。如果孩子学习成绩下降没有被很好地对待，就会成为他未来一个很大的障碍，一次危机有可能影响到后面接踵而来的更大的危机，所以我们不能让孩子沉浸在消极情绪和消极观念中，要引导孩子看到这些事情的正面意义。

孩子偏科严重

孩子英语不好,一说他,他却说"我是中国人,何必学外文",英语还是主要科目,有时候都不及格,这可怎么办?

不要看到成绩有高低就说孩子偏科,这是一个比较常见的误区,因为孩子的学习有时是被一些外在的东西影响,比如某一科的老师经常夸他,或者讲课很有趣,他喜欢这个老师,那么他这一科的成绩可能就会好一点。

某科成绩不好不代表着他偏科,只是说他没有花太多的时间和心思在这个科目上面,所以才会这样。

偏科还可能有一种情况,就是孩子正在"软抵抗"自己的父母,比如有些父母自身学历很高,但是孩子就在父母擅长的科目上成绩很糟。其实这有可能是他跟父母之间有一个战争,在家庭关系里,可能父母给他的感受不是很好,所以他在无意识中用了这种方式来挫败父母。

■ **教育良方：**

慎重补课

有些家长看到孩子偏科，马上找老师帮忙补课，但是家长要知道，当你说补课的那一刻，实际上已经是对孩子的否定了。孩子偏科，父母非常担心紧张，一直盯着他的话，孩子就会陷入到自我否定之中，无法专注去学习。

仔细分析孩子偏科原因，如果是因为兴趣不足，就想办法培养孩子兴趣；如果是情绪问题，就想办法消除孩子负面情绪；如果单纯是某些知识落下了，可以和孩子商量好后，选择补课。不能一看到孩子偏科，不分缘由，就去补课。

小步前进

孩子偏科，总想短期迅速地把成绩提上来，但这往往很难实现，一次次目标达不到，孩子学习信心就备受打击，可以设定一个小目标，考试提高两分就是一次胜利。设定一个孩子努努力就可以达到的目标，这次进步一点，下次再进步一点，孩子越来越有信心，每一次的进步都特别重要，我们会非常珍惜，并且也会成为继续努力的一个动力，就像一个弱队完成逆袭，你会觉得很激动。因此，我们更多的可以从积极心理学的角度来看，寻找到一个更能够激发起孩子向前进的动力。

积极暗示

当你认同孩子，坚信孩子的时候，孩子也会被你的坚信所影响。当孩子偏科的时候，对他说："也许在这一科上面，你只是还没有找到更好的方法，找到了，你的成绩一定会有进步的"，这种暗示给孩子的是一种积极的影响，他也会慢慢地在这一科上有所进步。

孩子因为粗心丢分很多

五年级后，孩子成绩一直下降，每次考试后孩子都哭一场，说明明有些题目会做，可不是看漏已知条件，就是填写答案时填错了。因为粗心丢分，孩子自己很难过，应该怎么帮助孩子才好？

首先看孩子是否遇到什么烦心事，比如和同学有矛盾，班级更换老师，甚至是青春期提前等，孩子遇到一些事情，不会处理，可能在大人看来是小事情，而在弱小的孩子眼里，都是大事。

同时考虑孩子的作息环境有无变化，如果孩子休息不好、精神不佳，也会出现学习和考试时精力不集中，容易出现错误。

家长也需反思是否给孩子较大压力，如果一个十来岁孩子背负着太大压力，越想考好，有时反而越不如意。

■ **教育良方：**

不给压力

孩子考试不理想、成绩退步，就已经很有压力了，这个时候如果家长再指责孩子，说"你怎么这么不小心""眼睛长哪里去了"等，不仅无益于孩子学习，可能还会令孩子逆反。

培养细心

从生活中的小事做起，让孩子整理自己的衣橱、抽屉和房间，培养孩子仔细、有条理的习惯；让孩子安排自己的课余时间和复习进度表，培养孩子有计划有顺序的习惯。通过改变孩子的行为习惯来改变他的个性，久而久之，就会慢慢改掉马虎粗心的习惯。

不贴标签

一旦家长给孩子贴上"粗心"的标签，就很难改正，粗心是一种性格特点，改变性格太难，也等于孩子给自己学习退步找了一个理由。可以通过以下方法解决：增加知识点的熟练度，增强基本概念，提高单次准确率，做题过程认真。

集中精力

不要一心二用，做作业时不看电视、不听音乐，大人也不去干扰。在专注的状态下，注意力集中，就会减少犯错。

强化细心

看到孩子在细心方面有了进步就马上表扬他，强化他的细心，这样他就会朝着细心的方向发展。

Chapter 8
毅　力

　　培养孩子做任何事情都坚持到底、不半途而废的人格特质，以及遇到困难时的处理能力是家长必须重点关注的。坚定不移的意志是成功的关键。孩子想要在竞争激烈的社会生存并取得成功，必须学会坚持，特别是在遇到挑战的时候。

　　坚强的意志会教孩子怎样面对困难和人生路上遇到的挫折，并且明白遇到困难时，永不放弃的态度是决定能否成功的关键。

如何解决孩子做事拖拉的习惯

> 我家孩子都 11 岁了，做事还拖拖拉拉，十分磨蹭，我认为半小时能做完的事情，孩子要半天才干得完，我都替孩子着急，现在是快节奏的社会，孩子这样慢性子哪能行，该怎么教育孩子呢？

> 首先看孩子是否出生后一直反应较慢，部分孩子天生是神经递质传递速度慢，做任何事都慢悠悠，这并非是拖拉。
>
> 如果孩子以前做事速度快、效率高，近来拖拉磨蹭了，家长就要反思了：我是不是做了什么事，让孩子从效率高变成了拖拖拉拉？
>
> 磨蹭是孩子反抗父母的一种形式，是一种比较隐蔽的"软反抗"，孩子的潜台词是这样的：我不喜欢这个事情，我也不喜欢你们的建议，可我不得不这么做，那我就慢慢做。

■ 教育良方：

觉察自己

父母觉察自己的焦虑感。有些爸妈总担心孩子做事情拖拉会造成很严重的后果，于是每天想尽办法督促孩子，在这个过程中孩子感受到的是什么？他感受到的是：我并没有被爸爸妈妈信任和尊重。其实，父母可以跟孩子讨论一下，或者问一下他自己的时间管理是怎么样的。他的方式可能跟你的方式会有一些冲突，在这个时候你愿不愿意尊重他呢？

做好约定

安排的事情在规定时间内完成给予奖励，超过时间则给予惩罚；节约的时间由孩子自由支配，让他觉得做事情很值得。

言传身教

父母自己管理好时间，让自己的时间安排得充实，做事干净利索，给孩子做正面榜样。当父母真的做好了自己的时间管理时，孩子认同父母，自然会跟父母学习。如果父母做得不一定很好，但是要求孩子做到的话，孩子就觉得"凭什么"，己所不欲勿施于人。

提供参考

父母可以给孩子提出一些建议，也可以跟孩子一起看一些关于管理时间的书，让孩子学习一些相关的知识。

及时肯定

只要孩子落实了，哪怕只比之前快一点，也要大大鼓励，让他充分体验到计划落实后的成就感、自信心，激发新的执行动力。孩子不可能每件事情都磨蹭，也不会在一件事情上每次都磨蹭，只要发现孩子表现出效率比较高时，就及时肯定，让孩子在做这件事情上有成就感。

允许自主

有时候我们会发现我们并没有给孩子自主权，比如有些家长每天叫孩子起床，而没有真正的给孩子自主的权利去为自己负责，承担一些结果，如果上学迟到了，就会受到学校的惩罚。再比如有些妈妈说，你必须要做完作业才能玩电脑；孩子说不，我就偏要玩了电脑再做作业，于是妈妈就跟他在那边僵持；孩子不敢公开反抗妈妈，但是又想维持一下自己的感受，他就会慢吞吞地做作业。让孩子自己做主，同时告知他，他要承担相应的自然后果。

循序渐进

家长不要心急，不要期望孩子几天内就完全改变自己，要有足够耐心，有打持久战的准备，同时循序渐进、分步走，每次孩子改变一点就可以，最后达到终极预期。

孩子做事总是需要提醒

> 孩子做事不够自律，总是需要家长提醒，比如早上去学校，我们不提醒他时间，他就不看几点钟了。孩子一直这样，总是长不大，怎么办才好？

> 我们说孩子不够自律，往往是因为我们内心中对孩子有一个理想的期望，我们希望他能够自觉自律，给我们减少麻烦，顺从于父母。当我们知道这些以后，再去重新想一下，孩子真实的样子是什么样的？你脑海中希望的他又是什么样的？我们评价孩子自觉性高低的标准，也许本来就带着主观的偏见。

■ 教育良方：

父母放手

一个自觉性差、自制力不强的孩子身边，一定会有一个不断提醒、不断评判、不断去为孩子承担的父母，比如孩子早上无法准时起床，通常爸妈都觉得是孩子的问题，但是如果我们再分析一下会发现，这是亲子"合谋"完成的一件事情。为什么？当孩子不起床的时候，爸爸妈妈会很焦虑，担心他上学迟到，所以就不断地去提醒、催促，甚至责怪孩子。孩子在跟爸爸妈妈相处的过程中，他会感受到父母焦虑，同时他会觉得没有被父母尊重，而是被控制了，就会发展成一种权力的斗争：父母要求孩子自觉，孩子则希望自己能够自主一些。因此，当我们意识到自己可能替孩子承担了本来应该他承担的责任的时候，我们可以把自主权还给孩子，不要总是在他耳边提醒他做什么，而是让他自己为自己的行为负责，孩子自然而然培养起自我管理的能力。

培养习惯

如果要让孩子形成自律的习惯，我们需要思考一下，他完成某件事情以后，能得到什么好处呢？很多爸妈都会盯着孩子做事，不断地去提醒他，这其实给孩子制造了一个并不特别好的感受，也剥夺了他的自主权，不利于孩子培养自律的习惯。因此，与其去提醒、催促孩子，不如我们可以看看，能否在他完成某件事情的过程中，帮助他去获得一些好处，或者说好的体验。

自律律人

当我们说孩子不够自律的时候，先问一下自己，我们是否是一个自律的人？在家庭中，制定一个规则，大家都要遵守，父母不能搞双重标准，"严以律子、宽以待己"。总的来说，孩子的很多行为都是从爸爸妈妈身上学来的，做好自己，孩子自然也会认同你，向你看齐。

孩子做事容易半途而废

> 孩子现在一年级，我发现他做什么事情都很容易放弃。给孩子买了他喜欢的拼图玩具，一开始玩得不亦乐乎，玩了一会儿觉得难拼就放弃了，不想玩了。我担心他以后在学习上也是如此，那以后他怎么能学得好呢？

> 孩子做事难以坚持是很常见的现象，孩子本身集中注意力的时间长度就不如大人，孩子的新鲜感总是过得很快，总会有新事物的出现吸引他的目光。
>
> 如果一件事情本身的难度超过了孩子的能力，那么孩子就不能从事情本身中获得成就感，同时这件事情本身又没有特别的意义，那么就越做越没劲，别说是孩子，即便是成年人也很难坚持做下去。
>
> 同时，这位家长担心得有些过多，不能从一件两件事情中间就判断孩子是个容易放弃的人，贴上这样的标签，再推理出来孩子以后学习不行；学习好坏是多因素的事情，不是由一两件事情就能完全推断的。孩子的发展不是直线形的，影响孩子发展的因素有很多，而且发展是动态的，我们不要用静态的眼光看待孩子的成长。

■ 教育良方：

家长引领

家里的每个人，包括爸爸妈妈，都必须做一件对自己而言困难的任务，并且需要每天刻意练习的事，比如爸爸妈妈每天坚持早起跑步，这样就可以给孩子示范引领作用，不能是家长做事不能坚持，反而要求孩子坚持到底。家长做任何事情都要有始有终，不要轻言放弃，那么教育孩子这么做，就更有说服力。

量力而行

有的家长为了锻炼孩子，往往给他布置一些超出能力范围的任务，孩子没有接触过，自然做不好，这会给他们内心带来很大的挫败感，比如每个人刚开始使用筷子的时候都不能很自然地使用好，许多外国旅客到中国来，都是成年人却依然无法短时间内顺利使用筷子，不得已放弃而选择使用勺子叉子，我们能说这些人就是半途而废的人么？所以，家长布置任务，一定要稍微高于孩子的实际能力，这样既不会完成得太轻易，又会让孩子通过努力完成任务从而获得成就感，以后做事就不会半途而废了。

鼓励孩子

有时孩子放弃，也许是遇到了"初期困难"，一开始无法完成，会打击孩子的热情和自信。在孩子初期遭遇挫折时，最需要家长的鼓励和陪伴。当孩子的进步被赞扬、努力被认可，孩子会产生坚持下去的动力。决定孩子能否在社会上立足的关键，不是孩子的短处而是长处，家长应该发现孩子身上的优点，让其发扬光大，总能让孩子看到希望所在。

自主选择

许多家长总喜欢把孩子的"选择权"和"决定权"攥在自己手里，以为这是对孩子好，其实不然。家长认为孩子应该在哪些事情上持之以恒、锲而不舍，这是家长的期待，孩子不一定这样做，那么有没有一些事情是孩子愿意沉浸其中、乐此不疲，可以较长时间坚持下去的？家长要观察，善于发现这些能让孩子坚持去做的事情，这些事情是孩子自己选择的，那么孩子就有更大的意愿去坚持做下去。

打预防针

如果孩子做事经常三分钟热度、半途而废，家长就不能太轻易满足孩子的一些要求，比如下次再买玩具的时候，家长要吊孩子胃口，"宝贝，你喜欢这个玩具，爸爸妈妈可以给你买，但是如果你玩两下就不玩了，玩具也会很伤心。所以买来的玩具，你是不是能多陪陪它？""玩具有些玩法你可能刚开始不熟悉，你怎么办呢？如果不会玩了，你想放弃时，又怎么办呢？"提前沟通好，给孩子打预防针，预设一些孩子可能会碰到的问题，就会坚定孩子的意志。

孩子自控力不强

我家孩子不顺心就哭闹，想要玩具不给买就赖在超市不走。怎么才能增强孩子的自我控制能力呢？

自控力是培养孩子专注力以及好习惯的最基础能力。2011 年 1 月份，《美国科学家学报》刊登了一份研究，针对 1003 名孩子，从 3 岁开始，一直跟踪到 32 岁，在 3 岁至 4 岁就比较有自控力的孩子，在长大的过程中，身心更健康，学业更好，青春期出现的问题更少，考的学校更好，收入越高。

自控主要是能做到两个方面：能控制好自己的情绪；能控制好自己的行为。

自控力不是天生的，需要后天不断的训练和培养，所以家长无需担心，通过一定的训练，孩子都可以增强自控能力的。

■ 教育良方：

家长带头

首先家长要是一个自控能力强的人。我们不喜欢孩子稍有不顺心便开始哭闹，那么面对孩子的哭闹，你又是怎么做的？不耐烦地对他大吼？还是平静地面对？如果父母连自己的情绪都控制不了，又怎么可能"训练"出一个有自控能力的孩子呢？

区分情况

对于孩子因要求不满足而哭闹的现象，要区分不同情况，如果确实是急需的，当即满足；如果已经答应了孩子的，也要满足，如果家长言而无信，那么孩子就会愤怒。而孩子临时提出来的随意要求，家长可以不必满足。

承担后果

父母要告诉孩子："你发脾气或者这样做是要承担后果的，你看看你这么做，能解决问题吗？你扔东西了，是不是要把它收好呢？"要让孩子意识到，他们要为自己所做的事情承担后果，这样孩子们才能记住，他要为自己所做的事情负责！如果一个人不能为自己负责，那么何谈自控力呢？

日常惯例

比如进超市前，与孩子约定"只能买一件东西且不能是膨化食品，如果你想要的东西没有，我们可以下次来，不能临时看见什么就要什么"等，孩子形成这样的习惯，以后就不会出现因为临时看见吃的玩的，抵抗不了诱惑而失控。家庭作息也设置相应的时间，长期遵守，孩子自然而然形成惯例。

一个从小就被"训练"掌握自控能力的孩子，长大后一定能很好地管理自己，这将是他一生的财富。

孩子不愿意排队，不愿意等待

周末带孩子去了游乐场，孩子想玩滑梯，无视前面正在排队的小朋友，硬要抢先上去玩。遇到要求没有被及时满足的时候，她就发脾气，我怎么劝她都不听，说得多了，她还躺在地上打滚。平时也发现孩子性格比较着急，没耐心，想要什么东西就要马上拿到，不然就一边叫一边往地下躺。孩子这样子应该怎么办呀？

孩子出现没有耐心的现象并不奇怪，因为耐心不是与生俱来的，需要在日常生活中逐步培养。不少家长对孩子有求必应，如果孩子有需求，家长都是以最快的速度满足，孩子从来没有等待的经验，在这种情况下，孩子没有耐心就不足为怪了。当孩子慢慢长大了，家长就要求孩子立刻有耐心，这是不现实的。

有些父母出于对孩子的关心，不分时间、场合，经常打断孩子正在做的事，这也是影响孩子做事不能有始有终的因素之一，比如孩子正在玩，爸爸妈妈会不时地问他是否喝水，孩子在玩的过程中不断被打断。孩子的思维活动需要有连续性，经常受到干扰和打断，他们的心就静不下来，长此以往自然对什么事都没有兴趣和热情以及耐心了。

■ **教育良方：**

体验后果

在生活中，可以让孩子体验不等待的后果，比如在家里冲好奶粉后，要等一会儿，稍微凉些再喝，如果孩子执意要喝，那就给他一小勺，让孩子尝一下，知道烫了之后，他下次自然就会等待。

鼓励孩子

孩子遇到了困难，家长不要马上给他帮忙，而是应该鼓励他坚持一下。家长有意识地在日常生活中选择一些孩子感兴趣的事情，并让孩子做完，使孩子养成做事持久的习惯。孩子在玩玩具时，不要在他的面前堆放过多的东西，要创造一个良好的环境，使孩子集中精力于某一件事情上。

预先提醒

在超市、游乐园区等需要排队的地方，爸爸妈妈带着孩子在门口排队，并提前告知孩子，排队大概需要多长时间，排队是一个很正常的事情等，让孩子有一个心理准备。

把握限度

让孩子等待的时间要有一定的限度，如果需要等待很长时间，爸爸妈妈可以安排一些小游戏或者给孩子讲故事来分散孩子的注意力，缓解孩子的情绪，以便让孩子能坚持下去，还可以根据当时场景，让孩子说出周围都有什么事物，小孩子本来就对不了解的事物比较好奇，便于缓解孩子的情绪。

Chapter 9
生活习惯

养成良好的生活习惯对于孩子们来说十分重要。现在的父母在教育孩子的时候都很清楚地知道，要帮助孩子建立一个良好的生活习惯，比如要按时睡觉起床、要按时吃饭、多喝水、多锻炼身体、不要沉迷于游戏等。但孩子们稍微一撒娇父母们就会缴械投降，允许孩子们短暂地放纵。但其实这样做是弊大于利的，在孩子心智发育还不成熟时，父亲和母亲就要严格的要求他们，帮助他们形成良好的生活习惯，只有这样做才是对他们的人生最有益的。

人不是生来就懂得要有一个良好的作息规律、要遵纪守法、要懂得尊重他人，这些都是在后期父母教给孩子的知识。家长们一定要抱有一个严格的态度帮孩子们建立好一个完整的人生观念，从而形成良好的生活习惯。

孩子咬指甲/吃手指

> 我的孩子上小学三年级了，经常咬指甲，我提醒过，也训斥过，可孩子咬指甲的毛病依然存在，我该怎么办才好？

> 孩子马上5岁了，还喜欢吮吸大拇指，有时候手指都破皮了，提醒孩子就会停止，过了一会又是这样，怎么办才好呢？

往往有的孩子既吃手指也咬指甲，且这两个问题的原因也有颇多共同之处，就合并一块分析。

面对咬手指甲和手指的孩子，父母不要惊慌，不要试图去控制和阻止孩子，尤其不能用粗暴的方式对待孩子，比如打孩子的手等。这样即便孩子停止了咬指甲的行为，还会出现其他问题。先来看孩子这么做的原因有哪些？

1.生长发展的需要。

0~1岁，是孩子口欲期，孩子主要是通过嘴巴来探索外部世界的，不管什么东西，他都会往嘴里放，用口腔触觉、味觉等来了解物体。随着幼儿肌肉和各种协调能力的发展，幼儿探索世界的主要工具由口转变为手，但口部还是其重要的辅助工具。1岁以内，幼儿吃手问题不需要成人去过多担忧和干预，家长应该允许和创造条件让幼儿用自己的方式去充分探索、了解世界；有的孩子吃手问题会延续到1岁半或者2岁。

2.手成为孩子的依恋物。

幼儿通过吃手来获得情感上的慰藉，幼儿吮吸或啃咬手会获得情绪情感的满足感。当孩子焦虑和紧张时便会出现生理倒退行为，比如用吸吮小手来减轻其内心的忧虑，时间长了，就形成了习惯。

3. 孩子不会宣泄负面能量。

孩子咬指甲、吃手，有时候是一种自我保护方式，当一个孩子内心有焦虑情绪，又没有学会用合理方式释放焦虑，焦虑的能量就会聚集在孩子体内。人类天生具有保护自己的本能，因此他们可能会选择无意识的行为，比如咬指甲，通过咬的动作，把焦虑产生的负能量释放出来。如果只是在表面上制止了孩子的这个行为，那孩子的焦虑该如何消除呢？

■ 教育良方：

氛围轻松

家长平时要关爱孩子，多抽出时间陪孩子，让孩子得到充分的爱，不要责骂孩子，也不要在孩子面前吵架。孩子长期生活在一个轻松、充满安全感的家庭中，自然会减少焦虑、紧张、恐惧的情绪，从而慢慢改正掉一些怪癖。

不责备孩子

孩子吃手是个不好的行为习惯，但也是一种心理需求，所以父母不要着急，更不能粗暴对待。面对孩子的一些怪行为，比如结巴、吃手、啃指甲等，家长不要一发现就厉声制止，而应"轻描淡写"地处理。任何加重孩子紧张心理的做法都是不可取的。

转移注意

当孩子刚要吃手时，可以平静地从他的嘴巴中拿开小手，给孩子一个玩具，占据他的双手，这样他就不会有机会吃手了。孩子的小手忙起来，这样无论是心理的、还是生理的需要，都会逐渐摆脱吃手的习惯。

平时父母要尽可能多地陪孩子玩，让孩子的小手不闲着。比如让孩子学习绘画、剪纸、玩积木等，只要他感到快乐和充实，就不会有心思去想着咬手指甲。如果孩子年龄较大，会有自己的想法，父母引导孩子培养一些兴趣爱好，尤其是身体运动的活动，让孩子宣泄自己的能量。

足够耐心

有些家长急于在短期内纠正孩子，如果家长有急躁情绪，孩子看在眼里，担心自己表现不好，又遭爸爸妈妈责骂，所以会加重心理负担，变得更加紧张，吃手、啃指甲等现象也会更加严重。因此，家长在纠正孩子问题时，一定要有耐心，循序渐进，有打"持久战"的心理准备。

给予奖励

向孩子明确表达希望他不要吃手，如果孩子经过家长的提醒，自己意识到并暂时停止吃手，这时家长就应该及时表扬孩子。还可以采用代币制的方法，比如假设孩子平时是每天吃10次手，家长就可以和孩子商定吃9次、8次、7次手等的时候奖励几个代币，可以用代币来换取孩子喜爱的玩具等，代币就是钱币的代表物。

允许表达

父母需要帮助孩子学会表达自己和释放情绪压力，需要允许和倾听孩子与自己有不同的意见，让孩子的想法得到表达，情绪自然流露，能够正当的释放情绪，孩子的这些问题就会慢慢消失。

家有调皮捣蛋孩子

我家孩子像电视上的孙猴子一样，一天到晚"大闹天宫"，家里的东西都整得乱七八糟，一天到晚在家大喊小叫，家里有这个捣蛋孩子，应该怎么办才好呢？

有一些调皮捣蛋的孩子经常会闯祸，父母真的觉得气不打一处来，甚至不知道该如何处理。要想改变孩子，我们就要了解孩子喜欢调皮捣蛋的原因可能有哪些。

1. 体验力量。随着自我意识的发展，孩子渐渐意识到自己和别人是有关系的，自己的言行可能会引起别人不同的情绪反应，在这个过程中，他体验到自己的力量，进而喜欢通过捣蛋左右别人的情绪。

2. 自我发泄。孩子的大动作技能已经有了一定的发展之后，喜欢到处探索，交往意识也日渐加强，但由于活动和交往空间的限制，这些意愿通常难以得到满足，在旺盛的精力还没有获得更理性的宣泄渠道之前，捣乱、搞鬼当然成为一种选择。

3. 引起注意。有时候孩子淘气则是因为情感需求没有得到满足，想借此引起大人注意，进而获得关爱。

■ 教育良方：

冷静面对

认识到淘气是这个年龄段正常的行为表现，不给孩子乱贴"多动症""皮得要死"之类的标签，以免让孩子受到负面的心理暗示。在孩子调皮捣蛋的时候，很多父母容易激发起情绪，忍不住去打骂孩子，或者用道德谴责孩子，但是这种做法更多的像是驯养动物的方式。驯养动物很简单，因为有明确的是非对错，如果不听话就打它，让它产生痛感，以至于它不敢再去做这件事情。通过给孩子制造痛苦或者恐惧，来迫使他能够节制一些行为，或者不去做这个行为，是一种动物驯养的方式，这些方式往往不能够让孩子不调皮捣蛋，反而他可能学会了推卸责任，明明是自己干的事情，却说是别人干的，这样一来孩子不光是调皮捣蛋，还变成了一个撒谎高手。因此，不管是打骂孩子还是道德谴责，都不是很好的办法。

对症下药

如果是因为情感需求的缺失，就要给予更多的关爱；如果是因为旺盛精力无处发泄，就要给一定的自由空间，也可以多带孩子出去走走，给孩子找个玩伴，让孩子更妥当地释放自己的能量。

表明态度

当孩子通过淘气来试探我们的行为反应的时候，我们也要及时表明自己的态度，借机帮他们调整行为底线，比如当孩子拿着插头玩耍的时候，我们一定要妥善制止，平静地把孩子抱开，告诉他们插头是用来通电的，不是用来玩的，并进行更安全的防护。

转换思维

淘气有时候也为密切亲子关系提供契机，所以有时候我们也不妨放下大人的架势，同正在淘气的孩子闹作一团，则亲子之爱很可能在这种没有"年龄界限"的打闹中得到提升。

因势利导

当孩子在淘气中表现出一定的创意时，我们还可以因势利导，将孩子淘气的能量导向更理性的轨道，比如当孩子把布娃娃扔得到处都是时，我们不妨蹲下来抱起布娃娃，温柔地哄她睡觉，或许受到感染的孩子也会因此跑过来，跟我们玩起"过家家"的游戏呢！

孩子偷拿家里的钱

现在使用微信、支付宝比较多，现金很少用，我钱包里有八百多块钱现金，放了很久都没有用了。上周同事结婚，就想着用现金随礼，可发现少了 200 块钱。问老公，老公没拿，也不可能是小偷偷的，如果是小偷，就全偷走了。就怀疑是孩子偷拿的，正好他这两天买了一把玩具枪，告诉我是小朋友送的。问孩子，孩子也不承认，后来找到孩子所说的小朋友问，小朋友说没送孩子礼物，孩子最后终于承认是他拿了钱，去买了玩具还有一些零食。俗话说"小时偷针，大时偷金"，孩子这么小就开始偷钱，怎么教育才好呢？

从这位家长的叙述中，可以看到她的焦虑。其实不用过于担心，孩童时的偷，其实要加个双引号的。对于"偷"这个概念，北京人使用的一个词非常有趣，叫"顺"，顺走了，就是拿走了的意思，这个词很俏皮，更像是小孩子之间的一个游戏。

小学以前以及小学低年级的孩子，他的道德意识还没有很好地发展起来，包括对"偷"这个词也不是很**理解**，有时候他分不清这个东西是属于谁的。如果孩子有一些类似偷东西的行为，马上就被爸爸妈妈贴上"小偷"的标签的话，可能会让他自卑很长一段时间，更坏的结果，就是真的养成了偷东西的习惯。

■ 教育良方：

聆听需求

我们可以尝试聆听一下孩子的需求是什么，并且教会他怎么去满足这个需求。在第一次发现孩子有这个行为以后，我们一定要跟孩子沟通，问问他的感受，为什么他这么渴望拿到这个钱或者这个东西，而不是直接就给他定论、责骂或者惩罚孩子。

给零花钱

我们可以帮助孩子建立零花钱的概念，这样有利于培养他延迟满足的能力。尤其是当孩子上了小学一年级以后，一定要有零花钱的概念。这个零花钱，不是说他一定会有很多的机会去买东西，也许他连买的机会都没有，但是父母需要给他，因为这是他自己的钱。如果孩子有了零花钱的概念，他是不会拿父母的钱的。

劳动回报

可以试着让孩子帮大人做一些事情，让他们因此获得一些相应的报酬。这样孩子能在实践中慢慢懂得"我要获得回报，就要付出努力；同时只要我付出努力，就可以得到回报"，这个概念会内化到孩子的心里，让孩子"劳动致富"。

监督奖励

制定家规，让孩子给父母挑毛病，让孩子监督父母言行举止，孩子每发现父母违反家规一次，就奖励孩子一定的零花钱。这种给孩子零花钱的方式，既让孩子有成就感，又帮助家长改正了自身不当言行，塑造了好家风。同时，孩子在监督父母的过程中，也不断内化了家庭规则、不断内化了行为准则，也是不知不觉中塑造孩子良好行为的好方法。

巧妙应对

淡化"偷"的色彩，用"拿""用"，孩子可能对金钱的所有权、使用权并不清晰，也不认为是"偷"。家长处理问题要顾及到孩子的自尊和羞耻感，让孩子能够比较好地从这个事情里面学到了一些积极的意义。

孩子挑食偏食

我家两个孩子，一个 6 岁多，一个 3 岁，都不怎么爱吃饭，尤其不喜欢吃青菜，就喜欢吃些油炸的东西。孩子这种情况怎么办才好呢？

孩子挑食偏食，其实原因不外乎有两个。

1. 可能是因为口味不合适。有些妈妈为了追求科学、健康、营养，把食物做得很精细，搭配得很全面，但是却忽略了食物本身的口味。如今的爸爸妈妈很多是上班族，自己就不怎么会做饭，饭菜做得口味不好吃也是很常见。

2. 可能是因为我们剥夺了他自主吃饭的权利。很多孩子在幼年的时候，会被大人喂饭，有时候他不愿意吃，或者吃饱了，大人觉得他没吃够，就继续塞食物进他的嘴里。越是这样，吃饭就真的成了一个问题，孩子变得很挑食，对于一些不喜欢吃的东西碰都不碰。对于一个很小的孩子来说，嘴巴是他唯一能控制的东西，如果他在生活中被控制得太多，那么不吃饭或者挑食、厌食，其实孩子是维护自己的权利的一种表现。

同时在心理学上，喂养也代表着一种掌控。也就是说在父母喂养孩子的过程中，也是一种控制。孩子不爱吃饭，恰恰说明了他的需求没有被我们真正地看见，他反抗、不愿意吃饭，就是为了把控制权争夺回去，让父母不得不去关注他的感受，看到他喜欢吃什么、不喜欢吃什么。

■ 教育良方：

控制零食

零食一周买多少，吃完就不再买了，对零食总量加以限制；孩子吃饭时抗拒，千万不可用吃零食来哄孩子，家长这么做，孩子就更不吃饭了，因为只要拒绝吃饭，家长就给零食吃。家长看似找到了解决办法，其实让孩子更排斥吃饭。

不要喂饭

渴了就喝水，饿了就吃饭，瞌睡了就睡觉，吃喝拉撒睡，是人的本能，如果家长包办得太多，孩子自己的成长能量就被压抑了，可能更不吃饭了，因为孩子吃饭成了家长的事情，每次孩子只要被动的吃饭就可以了。

设定时间

比如吃饭一共是半个小时，开饭了，家长叫孩子一下，半小时后孩子还没来吃，就把饭收起来或者倒掉，孩子没有吃的就饿着，可以喝些水，一直支撑到下顿饭，这样下顿饭可能都不用大人催促，孩子就又快又好地吃完了。

改善口味

如果是因为口味的话，我们可以尝试着做一些孩子喜欢吃的东西，尊重他的个人口味。如果孩子真的很想吃一点零食，那么我们可以找一些相对健康的零食给他。要是担心孩子的营养不够，我们还可以买一些补充微量元素和维生素的补充品，比如维 C 软糖等给孩子。

孩子边吃饭边玩

> 我家孩子吃饭时一边吃一边玩，经常饭都凉了，还没吃完饭。怎么能让孩子好好吃饭？

> 孩子没形成就餐习惯，比如孩子特别小、还在喝奶时，往往是大人抱着喂奶，孩子自己手里还抓着玩具；长大一点，自己能吃饭了，但是养成了一边吃饭一边玩的习惯。有时候孩子不想吃饭，家长就拿个玩具哄孩子。
> 也可能是孩子对食物有抗拒心理，宝宝的心理非常敏感，如果有了不愉快的就餐经历，就会对食物产生抗拒心理，比如饭菜不合口味，或者本来饭量不大家里非要多吃饭等，一旦对食物产生抗拒心理，那么就餐的时候就无法集中注意力，也会形成一边玩一边吃的坏习惯，用玩来拖延时间、减少食量。

■ 教育良方：

家长反思

父母是孩子的第一任老师，孩子的很多行为其实都是学习父母的，孩子有饮食习惯方面的坏毛病，首先应该检讨一下自身，是不是在吃饭时也存在类似的问题，是不是经常一边吃饭一边看手机或者看电视？孩子对家长的行为看在眼里，逐渐模仿起来。家长和孩子一起吃饭时，远离手机、远离电视等电子产品，孩子自然而然地模仿学习，悄然改变。

养成规矩

孩子在开始学吃饭时，就要养成坐在桌子前吃饭的规矩，把玩具拿开，严格区分吃饭和玩耍。别在意孩子把饭弄得到处都是，训练独自吃饭更重要，不要追着喂饭。

设定就餐时间 30 分钟，超时就端走饭，让他等到下一顿再吃，中途饿了也不能吃，孩子自然对正餐重视起来。如果在下一顿开饭前，宝宝觉得饿了，可以适当给他喝些水，或是玩游戏转移注意力，让孩子适当体验饥饿感。家长不用担心这样会饿坏孩子，现在的人不缺营养，甚至是很多人都营养过剩，即便孩子饿一饿，对身体也是有益无害，医学上常讲"饭吃七分饱"，偶尔的饥饿不仅能让人感觉饭菜的可贵和美味、增进食欲，还能帮助身体清理肠道。

限制零食

很多孩子爱吃零食和饮料等，不给就哭闹，但是在两餐之间零食吃太多，孩子没有饥饿感，正餐自然吃不下了。家长一定要限制零食，该狠下心的时候必须狠，哭闹也没用。

鼓励引导

家长可以说："吃饭要坐在饭桌前，我们先吃完了饭，再玩吧。让爸爸妈妈看看，宝贝又会吃好饭，又会玩得好。"

愉悦用餐

用餐时保持心情愉悦，避免饭桌上斥责孩子，以免造成用餐时的负面心锚。

孩子不收拾玩具

孩子玩完玩具后满地狼藉也不管，或者就地一扔就干别的事情去了。每次说他，他就说等会儿，一直等到晚上睡觉都不收拾。孩子邋里邋遢，该怎么办？

孩子不爱收拾玩具与归位意识发展不力有关，更深层次的原因，就是没有养成良好的秩序感。

培养孩子秩序感一般从 2 岁起就开始，比如训练孩子大小便去卫生间；孩子如果玩玩具，按照他的要求摆放成特定的秩序，大人不要干涉，这是孩子在发展秩序感。

家长也注意把自己的物品放得整齐有序，不少人贪图一时方便，东西用过后随手一放，使家庭环境变得凌乱不堪。孩子看在眼中，自然会加以仿效，玩具玩过后随地一丢，孩子之所以会这样，就是"耳濡目染"父母的行为所导致。

■ 教育良方：

1.注意言传身教。养成用过的东西及时归位的习惯，并及时通过语言强化这样做的道理，一来可以唤起孩子的秩序感，二来对孩子来说是最好的示范，因为孩子是"偷学大师"。当家长在收拾时，应该及时提醒孩子，告诉他："妈妈用过东西后都会收拾好，所以你也要用完就收拾哦。"

2.多给孩子看一些带相关情节的绘本或碟片，引导孩子向故事里的小主人公学习。

3.如果无论大人想什么办法孩子都不配合归位，则可以采取强制措施，比如孩子玩喜欢的玩具的时候，不及时归位就把这个玩具"没收"，让他们体验不及时归位带来的负面结果。给孩子制定的归位规则就要执行到底，一旦破坏就果断地给孩子"惩罚"，不破例，不能让孩子心存侥幸。

4.有时候家里玩具太多也会导致孩子随便乱扔，可以把孩子不大用的玩具收起来，就留几个常用的在外面，这样孩子就知道珍惜了。

孩子不做家务

孩子比较懒，十几岁了，什么都不做，放假就躺床上、窝在沙发上。怎么能让孩子做些家务？

有些家长意识不到孩子做家务的重要性，只想让孩子安心学习就好，其实这是很不科学的教育方式。目前青少年"四体不勤，五谷不分"，不珍惜劳动成果，生活自理能力较差等现象相当普遍、严重。近年来，高年级小学生和初中生不会剥鸡蛋、系鞋带、洗衣服之类的新闻不时见诸报端，也充分证明了这一点。

做家务，能够在潜移默化之中磨炼孩子的意志，增强孩子责任感和自信心，还可以丰富生活知识，发展智力。孩子在劳动中直接动手，直接接触各种事物，积累生活知识。俗话说"心灵手巧"，孩子经常动手，不仅使手部活动变得更加灵巧，而且还能促进大脑中枢神经的发展，使人变得更聪明、动作更协调、动手能力更强，这样的孩子长大了工作时也会更具有条理性。

哈佛大学一项长达 20 年的研究表明，爱做家务的孩子跟不爱做家务的相比，就业率为 15 ∶ 1，收入前者比后者高 20%，而且婚姻更幸福。

中国教育科学研究院对全国 2 万个小学生家庭进行的调查也表明，孩子做家务比不做家务的，成绩优秀的比例提高了 27 倍。

■ 教育良方：

正确引导

让孩子意识到家务活不只是一个人应该做或是只是爸爸妈妈的事情，而是整个家庭的责任，每个家庭成员都应该出自己的一份力。如果孩子不愿意做家务，也不需要逼着他做，强迫反而会使孩子更加叛逆，可以召开家庭会议，与孩子商议选择一两项家务由孩子来做。

不必苛求

孩子一开始做家务的时候，很可能做得不好，用的时间多、效果还不好，甚至还可能把家里搞得更乱，这个时候就不能苛求，要给予孩子一些鼓励，这样他才会更加有动力，甚至家长还要做好收拾残局的一些准备。

不给金钱

有些家长会用零花钱来鼓励孩子做家务，过多地使用金钱来促使孩子做家务并不好，一开始孩子为了赚钱，会表现得很积极，但是时间长了就会造成很不好的后果，孩子会跟你讨价还价，变得唯利是图，做什么事都要拿钱来衡量。孩子忽视了责任感，可能哪天不给钱就不干了，这对孩子价值观的培养是非常有害的。其实，用其他有意义的事情来代替金钱奖励，比如周末可以看一场喜欢的电影，或者买一套喜欢的书等反而更好。

给予指导

刚开始让孩子家务，选择简单的工作，并且说明怎么做，比如让孩子擦桌子，要教孩子挽起袖子，以免弄湿衣服；告诉孩子洗抹布时不要把水洒得满地都是，以免滑倒；给衣服分类时，我们应当告诉孩子不同类型的衣服应该如何分门别类。家长还可以一边示范一边讲解，让孩子看清听懂，他才会学着做，并逐步掌握这些技能。

适时示弱

"妈妈累了，可以给妈妈倒一杯水吗？""妈妈腰疼，能帮妈妈捶捶背揉揉腰吗？"孩子通常是不会拒绝的。家长的示弱，给了孩子表现自己的机会，给了孩子爱父母的机会，也让孩子明白自己有照顾父母的责任。父母向后站，孩子向前冲。

全家劳动

可以每个月有一次家庭大扫除，全家一起劳动，不但做了家务，还能促进亲子感情。

按龄选择

9～24个月：给孩子一些简单易行的指令，比如让孩子扔自己的脏尿片。

2～3岁：让孩子帮忙扔垃圾，帮忙取东西，整理自己的玩具等。

3～4岁：可以让孩子帮忙给花花草草浇水，饭后把餐具送回厨房；学会自己刷牙、使用马桶，把自己的脏衣服放到装脏衣服的篮子里等。

4～5岁：饭前帮忙准备餐具；把叠好的干净衣服放回衣柜；自己准备第二天要穿的衣服等。

5～6岁：不仅要熟练掌握前几个阶段要求的家务，并能帮忙擦桌子；收拾房间（会把乱放的东西捡起来并放回原处）。

6～7岁：在父母的帮助下洗碗盘，能独立打扫自己的房间，会把垃圾扔到小区垃圾箱。

7～12岁：采购家庭日常用品；能做简单的饭；清理洗手间、厕所；

会用洗衣机。

12 岁以上：只要不是涉及电路等危险系数较高的事情，其他家务都可以让孩子尝试去做。

每个家庭不同，每个孩子也不同，家长可以根据自家实际情况，引导不同年龄的孩子做他能做的事情。

孩子不敢独自睡觉

我孩子都快 5 岁了，还是不能一个人睡，让他一个人睡，他就又哭又闹，怎么也不睡。这可怎么办？

已经习惯和爸爸妈妈睡觉的孩子，当一个人睡觉时，当他闭上眼睛的那一刻，他会觉得跟这个世界完全隔离了，他可能会体验到一种恐惧感。很多爸爸妈妈哄宝宝睡觉的方法，就是坐在他旁边哼着儿歌、拍拍他的背，孩子会很容易睡着，因为爸爸妈妈的声音和触摸，让他感觉到跟这个世界是有连接的，放松下来以后，他就会很快睡着。

需要注意，不要去欺骗孩子，比如有些妈妈跟孩子说"你睡吧没关系，妈妈就在你身边"，但等到孩子睁开眼睛的时候，发现妈妈不见了！这是一种非常糟糕的体验。

有的父母直接把孩子一个人关在儿童房，或者送到住宿制幼儿园，孩子不愿意，但又无能为力，他会觉得"爸爸妈妈不要我了"，这会给孩子留下创伤的体验，感受不到自己是被爱的，甚至这种创伤的体验可能会一直伴随着他们，直到成年状态。

幼儿普遍有泛灵心理，他会把所有的事物都视为有生命的，比如他会和他的玩具讲话。怕黑也正是泛灵心理的表现，在黑暗中，幼儿能隐约看到的家具、装饰物被幼儿想象成各式各样的妖魔鬼怪，他认为这些怪物会把他抓走或吃掉，所以幼儿在黑暗的环境中会有恐惧感。

■ 教育良方：

理解感受

不管是什么原因造成的，我们都要去理解孩子，而不是很不耐烦，比如有些爸爸妈妈会说"你都这么大了，怎么还怕黑啊"，或者否认孩子的感受，说"不要怕，小孩子才怕这些东西，你已经长大了"，这些都不是很好的安慰孩子的方法。真正要安抚孩子，是陪在他们身边，接纳他们的害怕、恐慌以及焦虑的感受。

循序渐进

父母可以跟孩子一起商量，制订一个循序渐进的计划，给孩子一个心理准备的时间，比如我们告诉孩子，开始的时候，妈妈会陪你久一点，每次睡觉前会给你讲故事，等你睡着了，妈妈再离开。然后接下来，陪伴的时间会慢慢减少，鼓励孩子自己面对一个人的时间。

举行仪式

等到孩子能够适应独自睡觉的时候，强化他的成就感，给予一些奖励。可以选择某一天，用一个仪式化的程序，告诉孩子"你已经可以一个人睡觉了"。可以将儿童房布置得温馨一些，放一些孩子喜欢的玩具作装饰。

提供支持

如果孩子怕黑，可以开一盏小夜灯。如果孩子很怕孤单，可以寻找一个"替代的妈妈"去陪孩子睡觉，有些孩子平时或者睡觉前喜欢抱着一些玩具，就可以问问孩子"想不想要这个东西陪你一起睡觉"。

多些耐心

家长在教育幼儿时应不用责骂、威胁、恐吓的方式，要杜绝使用"如果……就要抓走或者关进黑房子"一类的话语。白天陪着孩子一起辨识房间的家具和装饰物，这样孩子就会逐渐明白，房间里没有什么可怕的东西。孩子单独睡觉这个过程一定会有反复，作为父母，我们必须要保持耐心并且坚持原则。

孩子晚上不按时睡觉

我家女儿四岁，精力超级旺盛，全家人天天都饱受煎熬。小家伙明明已困得厉害，却硬是不睡，并且为了不睡觉故意折腾人：在床上滚来滚去，一会儿要妈妈给讲故事，一会儿要喝奶，一会儿要上厕所，把人折腾得累得不行。怎么能让孩子按时睡觉呢？

其实，每个孩子所需要的睡眠量是有个体差异的，有的孩子睡眠质量高，睡得时间短就已经获得足够的休息，精力比较充沛，这样的孩子可以白天多让他玩，大量消耗体力。

也有的孩子抗拒就寝，就算看起来孩子揉眼睛、打哈欠，一副很困的样子，但是孩子就是不肯睡觉，其实这是因为孩子看着大人不睡觉，自己也很想加入到其中的表现。

■ 教育良方：

固定时间

固定的作息时间是孩子最好的助眠办法，经过几周的习惯养成，孩子会形成生物钟，以后将会在同样的时间出现睡意。在就寝前 10 分钟提醒孩子睡觉时间快到了，这样会减轻孩子的睡眠抵抗，不然孩子正在玩，家长突然说睡觉时间到，不允许玩了，孩子也会抗拒。

睡前仪式

对于孩子而言，固定的睡前活动能提供一种安全感，帮助孩子了解、掌握即将发生的情况。睡前活动，比如换上特别的睡衣、洗澡、刷牙、唱儿歌、讲故事，但是无论是什么活动，重在坚持。不要在睡觉前半个小时和孩子玩激烈游戏，容易让孩子的脑细胞处于活跃状态，一时半会儿安静不下来，自然也就无法按时入睡。

温水洗脚

温水洗脚有助于缓解疲劳，安然入睡。

晚餐适中

晚上不要饿肚子，也不要过饱，这两者都容易让孩子在睡觉前"不安分"，而且也对孩子的健康不利。

以身作则

有时候家长事情比较多，希望孩子早点睡觉，然后自己再处理一些事情，可有时候孩子看大人不睡，他也不睡。孩子都有逆反心理，他会觉得，当大人真好，可以想干什么就干什么，没有人管，凭什么你可以玩却让我睡觉，不公平。所以家长可以提前规划好自己的事情，提高一些效率，舍弃一些不关键的事情，和孩子一起睡觉；也可以等孩子睡着了你再去做；爸爸妈妈也可以做好分工，晚上轮流哄孩子睡觉。

白天少睡

有的孩子白天睡很久，一到晚上就不肯睡，精神还好得不得了。家长们要注意调整孩子的作息时间，白天可以让孩子多玩玩，减少孩子睡眠时间，到晚上自然而然就睡着了。

环境简单

孩子睡觉的卧室包括床上都不要放玩具或其他能让孩子特别兴奋的东西，电视机更不要安装在卧室，这样能够减少环境对孩子的刺激，使他尽快入睡。

孩子早起赖床

每天早上，妈妈都要叫孩子起床，可是叫了好几遍，孩子还是磨磨蹭蹭不愿意起来。有时候妈妈会"火冒三丈"，一气之下掀了孩子的被子，孩子还会和妈妈闹别扭。怎么样能改正孩子这个习惯？

一般来说，孩子赖床有以下几种原因：

1. 天气寒冷，孩子留恋温暖的被窝。

2. 孩子习惯性赖床。

3. 孩子不想上学，故意赖床以抗拒上学。

4. 孩子头天晚上睡得晚或失眠了，没睡好。

5. 孩子心情不好，或与父母闹情绪而故意赖床。

■ 教育良方：

父母早睡早起

父母是孩子的一面镜子，对于孩子早起这件事情，父母也应该做到以身作则、言传身教，并且把它当作一个习惯来养成。

商订作息计划

在孩子上幼儿园之前，饮食起居相对比较自由，但是从上幼儿园起，就要培养良好的作息习惯。家长可以制订作息计划，不是父母单方面的制订，而是与孩子商量以后制订，这样才具有可行性，才能坚持执行下去，得到孩子认可的计划才会起到真正的效果。

建立起床清单

孩子起床磨蹭的原因在于，他们对要做的事情需要多长时间没有清晰的认识，没有做过时间规划，这就需要大人帮助他们一起去建立起床清单，罗列出他们早晨需要做的事情，以及做每件事需要的时间。比如起床5分钟→上厕所10分钟→洗脸刷牙5分钟→吃早饭20分钟→换衣服鞋子10分钟→上学路上20分钟。列好以后让孩子根据自己的情况还要留出10分钟的机动时间，再用倒推法来推出起床的时间。如此规划下来，孩子会发现，如果需要在8点就到校的话，那么自己需要在6：40就要起床。如果没有建立起床清单，孩子可能以为7点起床就能搞定一切，所以在父母叫起床的时候他们就会磨蹭到7点以后。

承担晚起后果

对于经常晚起迟到的孩子，父母一定要坚持让孩子自己承担后果，千万不要因为溺爱而心软。要让孩子承担晚起带来的不方便和惩罚，比如因时间不够丢三落四、来不及吃早饭而挨饿、被老师批评罚站等，让他一一承受，而不是父母再去帮忙送落下的东西、喂早餐、给老师打电话解释。只有让孩子自己认识到晚起的后果，他才会自觉早起。

营造温暖环境

针对天气寒冷，孩子留恋被窝而赖床的情况，家长可以营造一个温暖适宜的环境，让孩子自然醒来。也可以提前几分钟把窗帘拉开，让光线透进来，诱导孩子从睡梦中自然醒来。

了解学校情况

针对孩子讨厌上学而故意赖床的情况，家长必须了解孩子是否在学习方面遇到了困难，是不是在学校过得不愉快，是不是被老师批评了，是不是和同学闹矛盾了或是有其他不愉快的经历。

调整入睡时间

如果孩子多次无法按时起床，那家长就要考虑他们是不是没有睡够充足的觉，想办法调整孩子头天晚上入睡的时间。家长有必要和孩子约定一个睡觉的时间，无论作业多少，都应按时睡觉。因为按时睡觉是保证睡眠的重要条件。

不要暴力叫醒

叫孩子起床千万不要大喊大叫，粗暴地拉扯孩子或掀被子，最后往往是家长心情暴躁，孩子哭闹不止，一整天的好心情都被破坏掉了。家长不妨对孩子多一些温柔和耐心，对年龄大一些的孩子可以事先约定；对年龄小的孩子可以在早上轻轻地抚摸孩子的手脚、脑袋，让宝宝的身体先一步醒过来，再叫他起床就会容易得多。

孩子花钱大手大脚

儿子今年 12 岁，过年收了 2000 多元压岁钱，孩子平时花钱就大手大脚，本想让元宵节过完后再把儿子的压岁钱存起来，可儿子自己买了一部手机，又请几个小同学吃了一顿饭，2000 块钱就没了。儿子还和我吵了一架，把我气得不行。

处理好亲子间的金钱问题是一门艺术。孩子花钱大手大脚，其实爸爸妈妈没资格指责，都是家长自己做的"榜样"。

1. 父母花钱不知节制。

孩子跟父母接触的时间最长，因此孩子会下意识地跟着父母有样学样。如果做父母的平时花钱就大手大脚，孩子自然会觉得这样做没有错，而且会误以为自己家庭经济能力不错，也就养成大手大脚的恶习。

2. 父母过于娇惯。

现在家庭不论穷富，对孩子都是极尽宠爱，就算自己省吃俭用也不舍得苦了孩子。父母的这种做法看似是爱孩子，实际上却养成了孩子索求无度的恶习，他们不知道父母挣钱有多难，只知道父母对自己有求必应，只要缺钱跟父母要父母就一定会给，自然就养成花钱大手大脚的习惯。

3. 养成错误金钱观。

现在的家长大多只知道重视孩子的学习而不关注孩子的金钱教育，因此很多孩子并不知道钱是怎么来的，也不懂得如何合理的规划金钱的使用，使得孩子从小缺乏正确衡量事物的价值的能力，花钱全凭喜好，难以形成正确的金钱观和价值观。

4.同伴攀比。

用物质满足虚荣，同学有的我也要有，同学买的我为什么不能买？当孩子的攀比心理体现在物质方面，不是为了实际的需要，而是为了虚荣心的满足而花钱，就会出现不必要的高消费。

■ 教育良方：

支出计划

和孩子心平气和的沟通，与孩子一起制订花钱计划，大概要用到什么地方，比如午餐、玩具、学习用品等，孩子需要多少零花钱，父母是完全可以估算出来的，让孩子处于一个正常的消费水平。小学生可以按周给零花钱，中学生可以按月计划给零花钱。这是规则，但规则不是不可以改变的；当孩子的零花钱花完了，若需要购买学习用品时，可以偶尔破例。

承担后果

父母要注意给孩子花钱的自由性，不要每一笔都追问孩子钱花哪儿了，处处报备，这样让孩子感到束缚，很难学会独立安排开销。但如果计划中的零花钱很快花完了，那么就让孩子在这个计划期间紧巴着过日子，承担胡乱开支的后果。

灵活处理

有时候除了常规的开支，孩子的衣服鞋子、学校的杂费、孩子同学过生日需要送礼物等，涉及一些较大的开支，家长可以直接购买、缴费，或者临时给孩子增加零花钱。

劳动体验

如果孩子年龄大一些，可以让孩子在节假日去打零工，体验劳动的不易，孩子自然珍惜现在的生活，对金钱的获取也会有亲身的感悟。

以身作则

要孩子别乱花钱，家长自己也要注意，别在孩子面前随意挥霍，不然孩子只会觉得家长说一套做一套，继续有样学样。

价值观教育

教导孩子根据自家实际情况合理支出，区分必要消费和不必要消费、基本生活消费和奢侈消费，不需要跟同伴攀比，用家长的钱攀比毫无意义。如果想要面子、想攀比，可以自己想办法通过正当渠道赚取财富，用自己创造的价值去获得面子，也可以发展个人才艺，用才艺和优点赢得同伴的喜欢和关注。

孩子喜欢占小便宜

> 孩子这几年是爷爷奶奶带的多，老人很节俭，去超市见到试吃的东西就多吃些，去饭店吃饭，临走还把餐巾纸都带走，孩子也受到一定影响，也喜欢占些小便宜，有时候还把学校的玩具偷偷带回家。该怎么帮助孩子改正这个问题？

其实人都是自私的，都喜欢占小便宜，在小孩还小的时候都会出现这样的情况，只要家长能正确的引导孩子，孩子都可以形成比较好的习惯。

占小便宜吃大亏。爱占便宜的人格局小、心眼窄，常常捡到一棵草，却失去一片森林；到最后，人际关系差，难成大事。父母要注意从小向孩子传递"教养"和"修养"的道理，而有教养、有修养的人，生活往往不会亏待他。孩子爱贪小便宜的原因一般是：

1. 侥幸心理。认为占些小便宜，不会被发现，即便被发现也不会有大的影响。

2. 模仿行为。如果父母贪小便宜，甚至偶尔会做顺手牵羊的事情，这样的父母肯定也有着爱占便宜的孩子。

3. 物权意识模糊。有的父母在孩子两三岁萌发物权意识的时候，就没有好好教会孩子所有权的概念，自己的东西自己有权做决定，他人的东西不可以随便拿。父母没有明确地告诉孩子占便宜是不对的，或者当发现孩子出现占小便宜的举动时也不加以制止和教导，让孩子错误以为他占便宜的行为没有错。

4.孩子的正常需求没有得到满足。父母不给予孩子需求的满足，或是没有正确教导孩子想要和需要不是一回事的道理。

■ **教育良方：**

言传身教

爱占小便宜的父母常常把占小便宜看作很光荣的事情，他们的这种行为和情绪会潜移默化地传达给孩子错误的信息。父母以身作则，不占小便宜，比如小贩多找了钱，要带着孩子去当面返还，而不是据为己有；不从单位顺东西回家；乘车或旅游不逃票。

提前教导

孩子随父母出去做客，主人家基本都会给点小零食、小礼物，家长可以提前告知孩子"没有经过别人允许，不能拿别人的东西；如果是别人送的，拿了必须说'谢谢'。"这样被教育的孩子，一般不会随便占人便宜，就算接受馈赠，也会真诚感谢，事后还会想办法回赠。

满足正常需求

父母要多关心孩子，力所能及地满足合理要求。如果确实不能满足，要明确告知原因，赢得孩子的理解，让他形成正确的得失观。

认识危害

家长要让孩子明白正确的所有权意识，要让孩子明白，什么东西是自己所有的，什么东西是别人所有的，自己的东西可以随便处置，而别人的东西不能随便拿，必须经过别人的同意才行。要明确地告诉孩子占小便宜会带来怎样的后果：失去朋友信任、失去父母的爱、没人帮助、没人喜欢。

必要惩戒

孩子的自制能力较差，难以抵制物质的诱惑，父母要多关心孩子，发现问题要及时纠正，千万不能姑息迁就或者变相支持。孩子犯错时，父母要尽量保护孩子的自尊心，理解和相信孩子。有规则，但不要伤害孩子，一定不要出语讽刺、挖苦，更不要打骂孩子，如果孩子曾经犯过类似的错误，家长和老师也不要揭孩子的旧伤疤；关心孩子，弄清事情的来龙去脉，了解孩子的思想根源，耐心教育，使孩子认识到错误、进而改正错误。

区分节俭

告知孩子哪些属于节俭，哪些属于小便宜，节俭和占小便宜是两回事。

孩子爱占小便宜不可怕，可怕的是作为父母不重视起来。长此以往，就会对孩子的成长不利，看到孩子的缺点，就要尽早帮助孩子纠正。

孩子不爱洗手

孩子经常在饭前不洗手，在幼儿园时，每个小朋友都是在老师带领下排队洗手，孩子还能听老师的话去洗手。现在上了小学了，反而更懒了，经常不洗手就去吃东西，怎么改掉孩子不洗手的毛病？

从家长的描述看，不是孩子不洗手，而是在家里不洗手，家长就要思考，为什么在幼儿园可以洗手，在家却不洗手，是不是家里缺乏规则意识？这不仅是不洗手的问题，而是家庭教育中很多事情都缺乏界限，孩子做与不做都可以，就认为洗手麻烦，从而不愿意洗手。

■ 教育良方：

家长带头

家长在应该洗手的场合要及时洗手，比如饭前便后、打扫卫生后、拿东西脏了手等，要及时洗手，给孩子做一个及时洗手的榜样。

健康教育

比如孩子有过肚子痛的经历，就告诉他不讲卫生、不洗手，手上细菌就进入口腔，容易让人肚子痛、容易生病。关于洗手等讲卫生的教育片网上也有不少，家长可以给孩子做一个卫生健康科普。

提示孩子

可以说："宝贝，请你洗完手和我们一起吃饭，我们等着你。"还可以提示："宝贝，吃饭前要做什么事啊？"不要用命令式的催促："不洗手别吃饭！赶快去洗！"这样越催促越慢、越命令越无效，无需命令，只用提醒就好了。

立规矩

无论是洗手，还是吃饭，或者作息时间、物品摆放等，家里应该有一个家庭规则、家庭公约，一家人制定相应的生活常规，一家人都来遵守，孩子自然而然就会形成健康的生活习惯。

需反思

洗手是一件很小的事情，及时洗手、讲究卫生是大多数人都能接受并践行的事情，如果自家孩子其他地方都做得挺好，就在这件事情上闹别扭，家长就要反思，到底是孩子的问题，还是自己的哪些行为引起了孩子如此行为？是否是孩子用这种方式来表达对父母不当管教的抗议？

孩子没有时间观念

孩子上小学前四年的学习、生活都由家里安排，今年我又生了个女儿，恰巧孩子的爷爷生病，我和孩子爸爸每天忙得不可开交，就对老大管得很少了，后来就留在学校寄宿。今年孩子上早自习常常迟到，还不知道如何安排自己的晚自习，有时因为看故事书，耽误了写作业；在生活上，更是一点时间观念也没有，洗衣服洗漱花很长时间。怎么样帮助孩子改变现状？

孩子之前没有独立生活的能力，凡事都被家长安排，对时间也没有自主的安排，现在家长一下子放手，孩子无所适从，出现迟到、不会时间管理是很正常的现象，家长也要和老师沟通，家长学校都尽量给孩子一段时间适应，不要批评责怪孩子。

同时，抽出时间尽快教导孩子一些管理时间的方法。

■ 教育良方：

时间任务表

孩子自己制订计划表，让他明白时间的重要性，计划好的事情要按时完成，否则后面的计划就无法完成。制定计划表，可以有效地培养孩子的时间观念、珍惜时间。

认识时间

时间太抽象，有时候孩子无法准确感知半小时是多久，一小时又是多久。教孩子认识钟表、手表，给孩子买一个手表或者小钟表，孩子就会明确时间。

规律生活

父母可以和孩子一起制定一个作息时间表，最好是具体到细节，比如什么时间起床、洗漱需要多长时间、吃饭需要多长时间、放学后做作业多长时间、几点休息等，都要严格制定，这样会对孩子起到约束和监管的作用。

寄宿制学校都有自己的时间安排表，孩子的计划一定要在学校的作息时间之内进行。孩子将作息时间固定下来，形成习惯，才能明确的认识时间，养成良好的作息规律。良好的作息习惯还能帮助孩子学会遵守秩序。

先后顺序

教会孩子对所有的事情进行优先排序，作业的重要程度在看课外读物之前，那就要先完成作业再读课外读物。每天计划哪些事情是必须完成的，哪些事情是比较紧急的，有个先后次序，孩子就能比较好的管控时间了。

孩子经常帮倒忙

孩子3岁了，最近真是"勤快"极了，可谓是"日理万机"，大人做什么事情，他都要帮帮忙。

今天一整天，孩子都没闲着。早晨，看到我在扫地，孩子也兴冲冲地跑过来，夺过我手中的扫帚，像模像样地在地上划拉起来，不一会儿，我扫过的地方就被孩子又踩上了不少小脚印，可谓是"越帮越忙"。中午包饺子时，孩子也要参与，把面粉弄得到处都是，下午更是给他自己沏奶粉，差点把热水弄洒烫到自己。

孩子每天折腾，把我整得更累了，怎么办才好呢？

由于生活经验和实际能力的不足，孩子常常会好心办坏事，越帮越忙，家长还要不断地在孩子后面收拾残局，这让家长又气又恼。

有的家长看到孩子总是帮倒忙，于是一看到孩子要来"帮忙"，就急忙阻止，甚至会训斥。这种对孩子的热情一味打击的行为是错误的，家长让孩子坐享其成，剥夺他们"帮忙"的权利，孩子的情绪和自信心都将受到很大的打击，久而久之便会失去帮忙劳动的兴趣，养成了袖手旁观的坏习惯。孩子长大一些，家长会发现孩子很懒，让做什么都不愿意做，再想办法改正孩子行为，可效果总是不好。孩子不是橡皮泥，想怎么捏就怎么捏，家长要了解幼儿心理，把孩子"帮倒忙"看成是一种培养孩子养成良好劳动习惯的机会，是孩子体验自己的能力、增长自信的机会。聪明的家长应该把孩子"帮倒忙"变成"帮到忙"，让孩子体验独立劳动的乐趣。

■ 教育良方：

顺势引导

家长一定要按捺住气恼，顺势引导，如果孩子帮忙洗衣服，比较合适的做法是：把孩子自己的盆放在他面前，往盆里放个小手绢或者小袜子让孩子洗，这样你在这边洗，让他在那边洗，各自都能洗得不亦乐乎而互不干涉。你可以趁此机会，教孩子如何揉搓衣服才能洗得干净、用多少洗衣粉合适、浅色的衣服和深色的衣服应该分别放置。晾衣服的时候，也可以让孩子参与到劳动的环节中来，让他做力所能及的事情。你可以让孩子将衣服从洗衣盆中拿出来递给你，你再往衣架上晾，当然在这个过程中要及时地夸奖孩子"谢谢你的帮助！你可帮了妈妈的大忙了。"这样不仅肯定了孩子对妈妈的帮助，让孩子看到了自己的能力，还有效地培养了孩子的劳动积极性和喜欢帮助别人的优良品质。

培养自立

家长想要让孩子成为自己得力的"小帮手"，就要想办法吸引孩子自立的欲望。比如饭后，让孩子自己送回他的小碗放在洗碗池，让他每天把自己的衣服放在固定的地方，只要是孩子自己的事情或者孩子提出的任何家务活，都可以让孩子试一试。

协作劳动

家长在做家务的时候，不要与孩子分开，要尽可能地与孩子一起做，这样孩子就有机会向家长学习，比如先让你的孩子在旁边学习如何分门别类地把衣服放好，过段时间再让他看着你如何叠好毛巾；孩子再大一些再教他怎么样把衣服挂在柜子里。父母一定要明白即使孩子只学会了一件事情的某一部分，那也是一个很大的进步，应该鼓励孩子说"你做得不错！"孩子和父母一起做事情，不仅能锻炼他的生活能力，还是培养亲子关系的好方法。

孩子恶作剧

> 我的孩子性格太活泼，十分调皮，让我很头疼，喜欢开玩笑，给人取绰号，有时在班里还捉弄人。老师也给反映过，说孩子在同学书上画乌龟、和同学闹矛盾，孩子这样没有分寸该怎么办？

孩子爱恶作剧的主要原因有：

1.多数捣蛋的孩子是由于生性活泼好动，再加上孩子想象力丰富，就会想着法子淘气，这是他与人相处的一种方式，这样的孩子如果你和他闹着玩，他也不会生气，反而很开心。

2.有的孩子爱搞恶作剧，是由于有不良情绪，比如父母或者老师批评不当，或与小伙伴交往中产生了不愉快情绪，让孩子记恨，你要我这样，我偏那样，用恶作剧的形式来发泄心中的不满，从而达到心理上的平衡。

3.渴望被关注。有的孩子乖巧时没人理会，他会迫切地希望能被肯定，但是孩子不懂方法，所以常常会做一些错误的恶作剧或捣乱行为来寻求肯定，比如有孩子故意大叫妨碍老师说话、捉弄同学等。

4.家长娇惯。家长教养方式不当，一贯娇宠，造成孩子不懂自我约束，从而为所欲为。有的家长恼怒训斥，体罚痛打；有的家长不闻不问，或者是纵容袒护；有的家长甚至是曲解夸赞，认为这是孩子机智能干的表现。这些错误的对待方式只能加重孩子恶作剧或者让孩子产生问题。

■ 教育良方：

探寻原因

对孩子的恶作剧家长既不护短，也不粗暴处理，而是探寻其行为的缘由，指出其做法的错误或不妥之处，引导孩子提高认识，改正错误。

环境文明

父母反思自身行为、不鲁莽行事，让孩子具有同理心，将尊重的意识付诸实践。孩子只有从父母那获得足够的尊重，才能学会尊重别人。

文明交往

要教会孩子在与同伴友好交往中形成谦让、礼貌、关心别人等良好的品质。朋友之间可以开适当的玩笑，但是千万不可过度，不要针对别人生理上的缺陷或是心理上的痛苦寻开心，要学会尊重别人。

规则意识

孩子的思想没有太多束缚，因此在孩子做了错事之后，家长才发现自己根本没有告诫孩子这些不能做。家长要告知孩子不能把自己的快乐建立在别人的痛苦上，也不让自己的痛苦成为别人乐趣的源泉。家长需要防患于未然，告知孩子哪些红线不能碰，并对孩子的行为有相应的激励惩罚措施。

发泄精力

孩子精力过剩，老是动个不停时，可以找些孩子感兴趣的事情，让他们有地方发泄自己旺盛的精力，让孩子把精力和兴趣转移到其他有意义的事情上，比如读故事、涂鸦或者唱歌等。既能让家长省心，又可以满足孩子的探索欲。鼓励爱搞恶作剧的孩子把新奇的想法说出来，然后和孩子一起去尝试一下，反而能激发孩子的创造力。

及时认错

如果孩子的行为具有破坏性或伤害了他人，家长一定要直截了当地解决问题。简单而直接地告诉孩子，为什么他的行为不被允许，然后给他一个机会弥补过错，或向对方道歉。

孩子迷恋看电视

孩子每天从幼儿园回来，就是看电视，特别是看动画片，即使是吃晚饭，她也要把碗筷端到沙发茶几这里来，一边看电视一边吃东西。幼儿园老师留的作业，她都不愿意做。如果周末不带她出去玩，她就会一整天盯着电视看，如果大人前来制止她，她就会大哭大闹。

孩子之所以喜欢看动画片是有多方面原因的。首先，儿童感知觉发展迅速，对色彩、声音非常敏感。动画片视听能力强，鲜艳的色彩、极富感染力的配音，以及欢快明亮的背景音乐，能吸引孩子的注意力。另外，现在很多动画片和玩具结合，动画形象都制造成玩具出售，动画形象在孩子的生活中处处可见。

沉迷于电视，会伤害发育中的孩子的视力，也会让孩子失去许多户外活动的机会。当然，看电视在带给孩子负面影响的同时，我们也不能因噎废食，不让孩子看电视，关键在于如何指导孩子养成健康观看电视的好习惯。

■ 教育良方：

家长做榜样

下班回到家后，首先打开电视的往往是家长。如果不想让孩子看电视，家长应该关掉电视，花更多的心思创造更多、更有趣的家庭活动，比如一起看书、参加各种健身运动或者游戏等，用丰富的活动增加与孩子互动相处的时间，让孩子发现比看电视更有意义的活动。

选取优秀节目

电视可以看，但不能乱看，选一些适合孩子看的、有学习意义、又不枯燥的节目，可以陪孩子一起看。

制定规则

家里针对看电视要制定好规则：吃完饭后才能看电视；看到几点就要去睡觉等。孩子刚开始会哭闹几次，但是只要家长坚持住这个原则，孩子就会服从，进而形成日常习惯。

倒计时关电视

即便时间到了，孩子正看到兴头上而生硬地去关电视，这样很容易遭到孩子的不满，因此，父母们可以提前提醒孩子"还有5分钟"，时间到了再去关电视的时候，孩子就比较容易接受了。

Chapter 10

青春期

孩子到了青春期会有正常的生理和心理变化，孩子"不听话"的行为都是因为随着成长，孩子有了更深的自我认知。家长首先应该和孩子做好沟通，先了解孩子的想法，对孩子的思想表示理解，然后再跟孩子交流一下自己的想法，他们基本上可以理解和思考了。

孩子在青春期的时候，多数都是有恋爱、叛逆、不喜欢学习这些情况出现，如果能够处理得好，孩子也会回归正途做完自己应该完成的学业，如果处理得不好，可能会让孩子以后的生活都受到很大的负面影响。

孩子沉迷游戏无法自拔

> 孩子上高中后，离家比较远，有时候周末也留校不回家，这学期班主任说孩子竟然周末不在学校，跑去网吧玩游戏。这种情况应该怎么办？

为什么孩子会沉迷游戏呢？很多家长可能会觉得，这是因为孩子的自制力太弱了，经受不住诱惑，其实沉迷游戏，跟自制力有关系，但不仅是自制力的问题。不少沉迷游戏的青少年跟父母之间的关系，已经出现了很大的问题，父母很少去回应孩子真实的需求和感受，很多父母以为是游戏带走了孩子，但其实是他们先抛弃了孩子。

孩子沉迷游戏，说明游戏肯定是能给孩子带来益处的。游戏给孩子带来了什么？一方面，游戏是可以不断重启的，不满意的话，永远可以重新再来一次，可以满足孩子的掌控感。另一方面，孩子在游戏里还能建立一种关系，比如他在游戏中可以跟其他同伴组队、彼此配合，然后像一个团队一样行动，这能让他有一种被认同和归属的感觉。

同时，在游戏中，孩子可以扮演他想要的角色，包括外貌上、技能上的以及他想要呈现出来的理想的自己。那么孩子为什么要在游戏里去寻找，而不是现实生活中去获得这样的体验呢？如果孩子能在现实中获得这样的体验，那是最好不过的了，但很可惜，理想很丰满，现实很骨感，因为往往在现实中，他的这些需求是难以满足的。

■ **教育良方：**

理解孩子动机

之前有一位妈妈告诉我孩子沉迷游戏，我问她，你有去了解过孩子在游戏里边做了些什么吗？她听了以后，开始思考这件事情，后来当她跟孩子一起进入到游戏里面的时候，反而她和孩子的沟通多了很多，然后慢慢地孩子玩游戏的时间越来越少。因为当孩子在现实中间能够跟妈妈产生链接的时候，他才能走出来。

给予自由

假如孩子在游戏里渴望自由的话，也就意味着他在现实中可能被约束得太多，或者说被控制得太紧，所以他要去游戏里寻找一些自由的感觉。

尊重肯定

孩子沉迷游戏，可能因为只有在游戏里，他才能扮演一个理想的角色，而在现实中，他永远无法达到父母对他的期望和要求，反而经常会被指责。他可能常常处在一种被父母否定、感觉到羞耻的状态中，越是喜欢游戏的孩子，父母越是对他责怪，越是说"你不行"，那么这个孩子沉迷依赖游戏的可能性就越大。孩子沉迷游戏，跟父母的养育的方式关系很大，如果我们无法承受这个事实，转而去否定孩子，把这些问题放在他的身上的话，孩子很无辜，也很委屈。

管控周末

高中生逐步走向自立，但很多中国青少年一直专注文化课学习，学校和家庭很少关注孩子的习惯培养、自控力培养，孩子没学会正确利用周末的自主时间。管控周末不是完全控制孩子的时间，而是引导孩子学会合理安排周末时间，现在是信息社会，网络是无法完全杜绝的，周末在孩子完成作业之余，可以允许孩子适当的接触网络。打游戏不要偷偷摸摸，正大光明地让孩子玩，偷偷摸摸地玩游戏能让孩子产生一种特别的兴奋感，光明正大地接触网络，反而会降低网络带来的刺激感。

孩子不愿意上学

孩子初升高中时考得不太好，去了一所很普通的高中，上高中后就感觉他学习劲头不足。为了帮助孩子提升成绩，我们送孩子去上双休日提高班，但是前几天孩子居然对我们说他很讨厌学习，再也不去补习班了，怎么劝也没有用，也就没再让孩子上补习班。可是这学期孩子经常请假，连学校都不愿意去，我们对他进行了教育，可是他依然讨厌学习，这怎么办呢？

厌学是中小学生中比较常见的现象，造成厌学的原因是多方面的，从外因看，有家庭教育和学校教育的失误，比如家长期望过高、不当的教育方法、教师态度生硬、社会不良风气的影响等。从内因看，孩子在学习过程中有消极的情绪体验，自我认知存在偏差，学习目的不明确，因此逃避学习。

帮助孩子学习不能单纯从补课出发，本来孩子就不爱学习，再加上补课占用周末时间，孩子只会更排斥。

孩子不学习，是家长和孩子一起造成的结果；孩子要学习，也必须是家长和孩子一起改变，改善家庭教育氛围和方法，改善孩子内在学习动力，逐步调整孩子的情绪状态，循序渐进地引导孩子改变。

■ 教育良方：

改善家庭环境

家庭是一个孩子成长的原始环境，也是成长动力的来源，如果说孩子是一棵树苗，那么家庭就是树苗生长的土壤，树苗生长出了问题，土壤一定有问题。可能是家庭给的压力太大，也可能是父母不会沟通，孩子比较逆反，还有一个可能就是父母关系出了问题，有些孩子孩子会用生病和厌学的方式去吸引父母的注意力，用这种方法去拯救家庭。

消除额外好处

有的孩子厌学在家，吃得好喝得好，家长怕孩子心情不好，就百般迁就，想用讨好孩子的方式换得孩子同意去上学，这种方式反而雪上加霜、火上浇油。人都是追求快乐、逃避痛苦的，如果一个学生在家里的生活很滋润，在学校很痛苦，那么就会越来越想待在家里。一定排除厌学得到的额外好处，孩子在家也不能吃香的喝辣的，一定是多做家务、辛苦劳动，父母忙的时候就让孩子自己做饭、刷锅洗碗，孩子可以做的事情，就让孩子去做。

全面评价孩子

许多有厌学情绪的孩子自我认识不足，对自己的长处不了解，一旦他们认可了自己的能力，往往会努力实践，所以家长应该引导孩子认识自我价值。家长要全面评价孩子，不要只盯着孩子的成绩，同时也多关注孩子其他的闪光点，予以肯定。对孩子的进步，哪怕是很小的进步，也要及时地给予表扬与鼓励，以增强孩子的自信心。

孩子和老师之间发生了矛盾

孩子初二了，上周和数学老师顶嘴，被老师批评了几句，我们也带着孩子向老师认错了，孩子自己也认为他太冲动了，也承认了错误。这个事情过后，孩子一直闷闷不乐，是我们处理得不得当吗？孩子和老师发生矛盾时，怎么办才合适呢？

在孩子和老师发生矛盾的时候，很多家长会更偏向于相信老师，甚至和老师联合起来去教训孩子，其实这是一种比较糟糕的处理方式，这跟我们受到的中国文化影响有关。

我们总是认为老师一定对孩子是尽心尽力的、用心良苦的，这很容易变成一个误区，因为事实上也有一些很不靠谱的老师。当孩子和老师出现矛盾，很多家长就会用一些比较糟糕的方式，或者说不太好的方式来协调，比如去讨好、取悦老师，或者很小心翼翼地对待老师。但是在孩子眼里，这样的爸爸妈妈其实是让人很气愤，即便暂时孩子低头认错，对后面的学习也不一定有利。

当然，如果孩子确实有错，作为家长也绝不袒护，一定要引导孩子学会尊重老师。

■ 教育良方：

安抚孩子

不管孩子犯了多大的错，作为父母首先要支持他，因为这个时候他一定是担心的，因此他最需要的是父母的支持和安抚。

了解原因

不要什么都不问，就直接把孩子骂一顿，也不要直接就让他去跟老师道歉。如果确实是孩子受了委屈，家长再这么做，反而是激化了矛盾，不但孩子不接受教育，以后还可能更仇恨老师。等孩子心情平静了，问孩子发生了什么事，不论老师怎么说，都要听孩子再说一次，这是对孩子的尊重和信任，孩子感受到尊重和信任，也就会和父母交心。

不卑不亢

作为家长，有时候会夹在老师和孩子的中间，如果一味地去忍让老师，对于孩子来说不公平，他会很委屈；但是如果一味地维护自己的孩子的话，孩子又会把家长当成是一个挡箭牌去利用，所以我们应对的方式，最好是保持中立的状态。其实孩子有自己的理解和认知去应对这件事情，作为家长，我们不需要投鼠忌器去讨好老师，而要保持一个不卑不亢的态度。

商议方案

家长跟孩子一起去达成一个解决方案，而不是要求孩子去完成一个家长直接给出的方案。

家长反思

孩子顶撞老师，可能是没有学会尊重，父母也要反思：一是反思孩子在生活中是否尊重父母，二是反思父母在平常言谈举止中是否尊师重教。

亲子关系很僵

> 孩子上高中后，离家也很远，有时候一个月回家一次，总感觉孩子和我们没什么话说。有一次因为买衣服的事情，孩子和他爸爸吵了一架，更感觉孩子和我们的距离越来越远，怎么改善我们家庭的这种状况？

> 每一段亲子关系的缺失，弥补起来要花费的时间和精力往往超出我们的想象，需要家长一定多加几分耐心。
>
> 父母自以为是地认为给予了孩子最好的，认为这就是爱孩子，可能他们根本不清楚孩子到底需要什么。而孩子其实很在乎在父母心中的印象，孩子一直想做个好孩子，可是因为性格、思维方式、经验等问题却常常做不到。

■ 教育良方：

改变习惯

父母如果有一些不利亲子和谐的习惯，就要先改正，比如说话难听、强制命令、不尊重孩子等，高中时期是从少年迈向成年的过渡阶段，已经有自己独立的思考，他希望家长把他当成平等的人来对待。

情绪平和

一些家长控制不好情绪，会对孩子发火，发火是无法解决问题的，沟通才能解决问题。如果家长无法控制情绪怎么办？那就暂停处理矛盾，换个场合，散散心，用这段时间考虑到底怎么做效果更好？心平气和时永远比生气时更有方法。

倾听孩子

有些道理孩子已经知道了，就不要再反复强调，如果家长反复说一些事情，孩子就会产生厌烦的情绪。家长可以反过来，自己少说，多听孩子说，既能了解孩子内心，也能让孩子感觉到被重视，增进亲子关系。对于孩子的问题，父母多听孩子怎么想怎么办，自己少给或者不给方法，心理学家伊丽莎白·艾利斯说："父母应该协助子女仔细检讨整个件事。青少年往往能自行想到令人拍案叫绝的解决方法。"

给予空间

给孩子充分的私人空间，对于现在越来越独立自主的孩子来说，这是必须的。父母偷看孩子的日记、乱翻孩子的东西，是对孩子的不尊重，孩子就会对父母起防范之心，从而产生隔阂。

共享欢乐

家长创造一家人在一起共享欢乐的时光，比如一起吃饭、看电视节目、郊游散步、出去游玩。与家人们在一起的时光会让孩子感到舒适愉快，在这样的环境下，亲子之间的交流就会更加融洽。

无论哪种做法，对孩子的"尊重"是必须的，孩子成长之后，作为独立个体，他们需要得到家长的尊重。孩子感受到家长的尊重，亲子关系就会得到改善，反之则会恶化。

孩子离家出走

> 上初中后，孩子就好像没事找事一样，经常看这也不对、那也不对。上周学校休息一天，孩子和爸爸吵架，爸爸打了孩子一顿，周日下午孩子返校时，自己坐公交车去的，晚自习时班主任给打电话，说孩子没到校。我们四处去找，老师也帮忙找，一直过了两天才在公安局的帮助下找到孩子。幸亏孩子没有遇到坏人，我是又心疼又生气。这已经是孩子第二次这么做了，怎么才能让孩子以后不离家出走？

> 孩子正处在青春期，看事情难免片面化。孩子出走的原因也不尽相同，但有一点是共同的，那就是他们全都面临着巨大的压力而不知道该如何去摆脱。只是孩子并没有意识到，一走了之不但解决不了问题，相反还会增加许多新的挫折和压力。
>
> 离家出走只是表层问题，如果家长只把注意力放在如何防范离家出走，而忽略了导致孩子离家出走背后的深层次问题，那么即便防范得了孩子离家出走，孩子也可能会出现其他问题行为。
>
> 冷静面对、寻找原因，着眼于家庭系统解决问题。

■ 教育良方：

控制情绪

孩子离家出走，家长担心害怕，如果找到孩子，家长冲动之下再揍孩子一顿或狠劲批评，即便家长认为这样是出于对孩子好，可这样不仅不会让孩子意识到错误，还会使矛盾加剧。

耐心说服

家庭教育不当，往往是孩子出走的直接诱因。家长改变自身的态度，不要颐指气使，也不要姿态傲慢，认真反省自己究竟有没有做得不对的地方。对孩子思想上的错误看法，家长一定要有耐心，不期望一次两次就能说服孩子。

增强吸引力

为了防止孩子出走，家长有责任去增强家庭的吸引力。鼓励孩子把对家庭、对父母的不满之处全都说出来，这一点需要我们具备莫大的勇气。冷静思考自己的行为，有错必改，并向孩子表示自己的歉意和诚意，增强家庭的吸引力。

温暖教育

南风和北风比赛谁能把人们身上的衣服脱掉，北风越努力吹风，人们把衣服裹得越紧；南风吹来，天气变暖，人们主动脱去身上的衣服。教育孩子，也如同吹风一样，家长冷冰冰，家庭冷冰冰，孩子在家里没有温暖，就不愿意和父母交流。家长应该向南风学习，给予孩子充足的关心和温暖。

孩子受到了校园欺凌

孩子周末回到家闷闷不乐，问他，他也不愿意说，后来从老师那里得知，孩子和同学有些矛盾，几个同学在放学路上恐吓他。总觉得校园欺凌离我们很远，没想到孩子却遇到这样的事情，怎么样才能帮助到孩子呢？

青少年欺凌事件，在发达国家，有比较成熟的应对机制；在国内，很多人还是抱着"这是小孩子打打闹闹"的心态去看待校园欺凌，甚至觉得没必要小题大做。实际上对于孩子来说，被欺凌绝对不是一件小事。如果孩子受到欺凌以后，处理不当，很可能会给孩子带来很深的影响。

对于缺乏足够自我保护能力的孩子来说，被欺凌就是创伤事件。如果一个孩子长期被欺凌，就会破坏他的自我认知和自我价值感，甚至产生创伤后应激障碍，比如经常失眠、易怒、敏感、退缩、悲伤、羞耻等，而且被欺凌的画面会经常不受控制地在脑海中闪回，痛苦不堪，因此回避人群，把自己封闭起来。

另一方面，那些施暴的孩子，可能也是失败的家庭教育的结果。可能他们生活在一个充满着冲突的家庭里，又或者他们也曾经被这样的暴力对待过，他们的内心是虚弱的、恐慌的，所以更加需要掌控的感觉，这些孩子不接受自己的脆弱，所以在看到一些比他们更弱小的孩子的时候，就会对更弱小的孩子进行骚扰或攻击。

■ 教育良方：

观察孩子表现

比如孩子告诉你有同学经常针对他，或者孩子故意隐藏起一些伤痕，又或者忽然性情大变、行为异常等，如果孩子有这些表现，家长要重视。

接纳孩子情绪

如果孩子不幸被暴力对待了，家长需要马上给予孩子保护。第一时间告诉孩子"不是你的错，而且不管发生什么事情，我们都会站在你这一边支持你"，如果孩子不愿意说，不要追问细节。如果孩子对于人际社交有一些抗拒，或者不愿意上学，我们尽量宽容对待，因为他可能正处在应激的状态当中。总之，总的原则是先处理情绪，再处理事情；先安抚孩子，再处理问题。

教导自保方法

首先，教会孩子逃跑，青少年儿童往往比较单纯，认为逃跑是不勇敢的表现，不懂得保护自己，教育孩子该跑时毫不犹豫就跑，一边跑一边求救，这不是胆小鬼的表现，这是灵活的表现。

其次，让自己显得更强壮一些，震慑住其他人，比如加强身体锻炼、去学习跆拳道，虽然说并不是专业地去学，但是对孩子来说最起码有一种应对的方式。

不必一味忍让

有些家长讲究所谓的"和""让"，一味让孩子忍让，这是对孩子极其不负责任的表现，当然我们不是说一定要去把对方揍一顿才行，而是保持一种"不挑事也不怕事"的态度，这是我们给孩子传递的一个很重要的家庭教育观念。

如果孩子没有能力反抗，一定要放声大哭或者大叫，千万不能不出声默默忍受，因为你的隐忍只会激发起施暴者更强的暴力。如果孩子是被群体暴力对待的话，家长一定要报警，让对方的监护人和学校引起重视。必要的时候，可以考虑转学，离开这个让孩子感受到被伤害的环境，对孩子是保护，同时也可以避免二次伤害。

孩子交到了"坏朋友"

> 孩子上初中后，每到周末就跑得不见人影，经常和附近一群捣蛋孩子混在一起，有些孩子行为习惯很不好，怕孩子和这些小孩在一起变坏了，劝说孩子几次了，效果也不好，该怎么办？

> 家长可能会以自己的价值观去判断孩子的朋友，但是家长跟孩子之间判断肯定是不太一样的。父母帮孩子选择朋友的过程中，会有一些功利心在里面，父母判断孩子的朋友是好是坏，往往很简单的以是否会影响学习为依据。
>
> 每一个孩子长大都需要学会融入群体，如果我们担心孩子会被他的朋友影响而变坏，一是担心孩子的判断能力，二是担心家庭的正能量影响不够。如果一个家庭是和谐的、积极的，孩子即便遇上一些行为习惯不太好的同学，也不会被带偏。

■ **教育良方：**

尊重孩子选择

如果你的孩子愿意跟其他人一起玩，只要他们之间没有一些伤害性的行为，我们可以去尊重他的选择。如果有一天孩子在这段关系中被伤害了，让他自己去选择要不要继续跟对方交朋友，并且给予他保护性的支持。

问问孩子感受

在跟孩子讨论他交朋友的过程中，一定要问问孩子的感受，让他能够把自己的感受说出来，而不是说按照我们自己认为对的方式，直接替他做决定。这是对孩子的一种尊重，也是让孩子学会处理自己人际关系的一个机会，因为在孩子交友的过程中，他更关注的是自己的感受。如果他跟一个人相处不舒服了，自然而然会分开；如果相处得很好，他自然会更亲近一些。

塑造积极家庭

孩子交友行为很多是模仿父母的交友行为，所以父母交朋友就要有所选择，至少让孩子看到的场景是有所选择的。孩子从父母身上学到了对人礼貌、尊重，学到了朋友相互关心、支持，学到哪些人可以成为朋友，自然而然孩子也就学会了识别什么样的朋友适合自己。

孩子过度在意外表

孩子现在开始长青春痘了，总嫌弃一脸痘痘，老想挤掉，我反复告知不能挤掉，以免脸上留下疤痕，一段时间后自然而然就好了。后来发现，孩子还是经常照镜子，很是在乎脸上的痘痘，经常说"烦死了"。担心孩子过度重视外表，分心学习，怎么能给孩子帮助？

我的孩子上高中了，比较胖，学校发校服他都穿不了，必须要单独定做，有时候同学们还给孩子起外号，孩子就吃得很少，要减肥。我担心孩子吃饭太少影响健康，说了他，他又不听，这可怎么办？

随着心理健康意识的不断普及，越来越多的家长开始了解青春期，重视孩子的青春期教育，这两位家长描述的是青春期体像问题，又称"丑小鸭"情结，通常指孩子在青春期由于对自己的身心发育存在各种疑惑，担心或误认为自己与别人不同、比别人差，从而产生焦虑紧张、烦躁不安等情绪。

青春期孩子往往在乎身材、面容、言语、个性等，由此形成综合的评价性心理体像："我是惹人喜爱的吗？""我是大家乐于交往的对象吗？""我能够吸引异性的注意吗？"

当孩子认为自己外表不如别人，慢慢地他们会将这种灰暗的评价泛化，认为自己同时也是不受欢迎的。因此，这样的孩子在成年之后，往往自卑、封闭，不易建立人际关系，也有些人会执迷于减肥、习惯于浓妆艳抹等，这些都不同程度的和青春期体像成长不良有关。

■ 教育良方：

建立自信

肯定孩子的优点，不论是孩子的外表相貌，还是特长才艺、优良品质，孩子能感受到自己有很多优点，就不会太在意外表了。有些孩子，其他方面得不到认可，就只能在外表上努力，所以就会很重视外表。

正面引导

父母留意自己平时用语，尤其是对青春期孩子的外表形象，不要讥刺打击。引导孩子通过后天的陶冶，改善自己的气质，"腹有诗书气自华"，一个很有文化底蕴的人，即使相貌平平，别人也会从他的谈吐和言行中感受到魅力。鼓励孩子多发展个人才艺，用真才实学和良好的性格赢得大家的欢迎。

适当打扮

适当地修饰自己并不是坏事，很多时候，得体的外表既是对自己的尊重，也是对别人的尊重。俗话说"人靠衣装"，适合的服饰的确能够给人耳目一新的感觉，帮孩子做服装参谋，选择适合他们的着装风格，扬长避短，找一些饰物适当的修饰一下。如果孩子再长大一些，可以引导她们化一点适合自己的淡妆（一定是淡妆，不宜浓妆艳抹）。

孩子喜欢显摆炫耀

我们家的经济条件还可以，孩子的生活费算是比较宽裕的。久而久之，孩子老爱在同学和朋友面前炫耀自己家有钱，还喜欢和别人家攀比，并以家庭财产多为荣。应该怎么办？

孩子喜欢在自己同学和朋友面前炫耀自家财富，就是虚荣心的一种表现。为什么孩子这么虚荣呢？

1. 显摆炫耀从某种意义上来说是不自信的表现，是精神世界的贫乏，孩子没有其他优势，正像一句玩笑话"穷得只剩下钱了"，使孩子希望通过炫耀物质来获得他人羡慕的眼光，以增强自信心，就像有些幼儿园的小孩子喜欢显摆谁有某些玩具一样，就像有些大人比着开豪车是一个道理。

2. 家庭环境的影响。有些家长自己虚荣心强，平时就喜欢在外面讲排场、摆阔气，潜移默化地影响了孩子。

3. 现在整个社会风气也比较浮躁，全社会大风气都是以物质来衡量一个人是否有成就，这股风气自然而然会影响到青少年。

■ 教育良方：

肯定孩子

孩子炫耀背后是希望得到认可、得到关注，首先肯定孩子这种动机，也理解孩子在同龄人中渴望被关注的心情。

认知改变

让孩子认识到炫耀本身是一种很肤浅的行为，这种行为并不会达成他的目标，并不会让同学真正接纳并喜欢自己，这和想提高自尊的初衷是相违背的，反而只会遭到周围人的不屑与厌弃。

树立榜样

家长自己要为孩子作出榜样，不要以夸耀自家财富为荣，贪图物质享受。家长要多丰富自己的精神生活，提高自己的生活情趣。同时，让孩子阅读文学作品和名人传记，用榜样的力量带动自己。

适当管控

孩子生活费够用就行，尤其是青少年时期，保障孩子的饮食营养就可以。如果孩子还没学会管理金钱，给孩子太多钱并不是爱，而是害。

财富教育

让孩子对家庭财富有客观的认识，现在的家庭财富都是上辈人经过努力所得，而非自己劳动所获，其中并没有体现出自己的努力和价值，不值得炫耀。

孩子比较叛逆

> 孩子13岁，今年就变得有些怪，大人说的话他不听，有时候还非得反着来，变得比较执拗，怎么教育孩子才好呢？

> 青春期是孩子的心理断乳期，孩子的独立意识和成人感出现并逐渐增强，希望摆脱家长对自己的控制。他们试图按照自己的兴趣塑造自我，并需要更多的情感交流与别人的尊重和理解。很多家长在这个过程中没有适应孩子的成长变化，还把他们看成小孩子，难免和孩子发生别扭。
>
> 此外，有些父母对孩子的行为限制过多，要求过于严格，并且偶尔粗暴干涉，也会使得孩子产生逆反心理。

■ 教育良方：

转变观念

家长要敏锐地注意到孩子成长所带来的变化，在教育过程中改变过去的家长制教育方式，家长不能总是持着"儿子必须听老子的"这样的观念，而要换位思考，从孩子的角度多想想。

尊重孩子

家长多与孩子沟通、交流谈心，遇到事情允许孩子充分表达他的想法，一旦与孩子发生冲突，不能轻易对孩子下结论，以免伤害孩子的自尊。同时，家长不能随意干涉孩子的生活，要尊重孩子的"隐私"。

给自主权

鼓励孩子自己的事情自己做主，给孩子充分的空间去体验、去成长；遇事多和孩子协商，让孩子参与更多事情的决策，使孩子的"成人感得到满足"。如果孩子的想法没有特别大的问题，家长一般不要发表自己观点，让孩子学着探索他自己的人生。

孩子性格孤僻冷漠

孩子性格有些孤僻，很少和别人打交道，喜欢一个人待着，我担心影响以后孩子生活，怎么样才能让孩子转变呢？

孩子性格受先天影响，但由后天教养决定，孩子性格孤僻冷漠，往往是幼儿时期周围的人际环境单一，孩子身处一个比较单调孤寂冷漠的环境，比如有的父母不够关心孩子，很多成年人生活压力大，上养老、下养小，所以很多时候家长对孩子难免疏忽。但这些却是幼小的孩童所不能理解的，孩子小时候只知道父母对自己漠不关心，自己不值得被关心，从而产生焦虑不安、自卑退缩。

有的是因为夫妻关系不和，孩子的情绪比我们想象得更加敏感，若是父母在孩子面前表现出对彼此的厌烦，家庭自然不稳定，孩子则因为时刻担心避风港坍塌而陷入不安全感的泥沼，从而封闭内心，让自己变得冷漠，因为只有冷漠，在心里树起一道墙，才能保护自己，不让别人走进内心，自然就不会受到伤害。

有的是因为家庭暴力，有的家长教育方式落后，动辄打骂孩子，殊不知这种行为不仅伤害孩子的身体，还折辱孩子的自尊心。长此以往，孩子的心理压力之大可想而知，长大后自会封闭内心，性格孤僻。

此外，伙伴欺负、嘲讽等不良刺激，也会使孩子过早地接受了烦恼、忧虑、焦虑不安的不良体验，会使他们产生消极的心境，会变得畏畏缩缩、自卑冷漠、过分敏感，最终形成孤僻的性格。

■ 教育良方：

关爱孩子

重视孩子情感、感受，而非只是重视学习成绩，不把孩子当成自己炫耀的工具、挣面子的工具，而是真的因为这是自己的孩子，而关爱孩子本人。关爱，是增进亲子感情的纽带，越是内向的、性格孤僻的孩子越需要父母的关爱，孩子在感受爱的同时会渐渐转变孤僻的性格。

尊重孩子

每个人都渴望别人的尊重和理解，孩子也是一样的，家长要尊重和理解孩子的想法，不去包办孩子的生活，不然孩子对父母产生依赖，也会让孩子习惯了无需沟通的世界，渐渐地会习惯沉浸于自己封闭的世界。

优化性格

鼓励孩子主动阅读相关书籍，学习交往技巧，同时多参加体育、文艺等集体活动，在活动中开放自我，真诚坦率地对待他人。在每一次交往中，孩子都会有所收获，丰富知识经验，获得了友谊，愉悦了身心，孩子就会在团体中找到归属感。

科学家教

家庭是学习人际关系的第一所学校，与人交往的技能首先是在与家人的情感交流过程中形成的。儿童会在与父母的情感交流中学会获得爱和表达爱的方式，学到基本的说话方式、手势、表情和交往方式，进入青春期后自然就会与人交往。

孩子缺乏团队意识

我家孩子喜欢独来独往，能自己一个人做的事情就绝不两个人做，我既喜欢孩子这种自立自强的态度，又有些担心孩子无法融入集体，怎么才能培养孩子的团队意识呢？

中国崇尚集体大于个体，主张团队意识，我们生活在社会中，单打独斗虽然可以体现个人的智勇，但想要走得更远，用团队的力量才能真正的实现。现在独生子女较多，以自我为中心思想比较严重，家长更是要有意识地培养孩子的交往技能和团队意识。

■ 教育良方：

树立团队意识

孩子受年龄限制和自身发展的影响，以自我为中心的思想比较严重，家长首先给孩子树立团队意识，比如在日常生活中，可以给孩子的成长道路设置障碍或布置任务，让孩子无法单独完成，要让孩子意识到并不是所有的事情都可以靠一个人能完成。同时，家长也要给予引导，让他们意识到他们需要帮助，并主动寻求帮助，让孩子体会到团队的力量。久而久之，孩子就形成了一个主动与人合作、战胜困难的团队意识。

参加集体活动

家长要鼓励孩子多与人交往，通过带孩子经常串门、走亲访友，为孩子创造与人交往的机会。同时加入集体活动，比如体育锻炼，或者参与其他的集体玩耍，无需过于追求对错或者输赢，有这种集体意识即可。必须让孩子在团队里活动里出力，并且去肯定成果，让他明白自己出的力帮助团队取得了很好的成果，得到肯定，他自己也感到满足。

父母做好榜样

父母是孩子最直接的榜样，父母对子女的影响是有其决定意义的。因此，希望孩子做到的，父母首先自己要做到，要用自己实际的行动去影响孩子。如果父母不关心集体，遇到问题首先考虑自己，甚至损公肥私，那势必影响孩子集体意识的养成。

权利义务统一

让孩子明白，在家庭这个小集体中，每个成员既享有权利，同时又有责任去承担义务。引导孩子，不能只享受大人的关心和疼爱，也应该关心家人、体谅老人。

强化孩子行为

对孩子团结他人、互助共享的行为，要及时地进行肯定和表扬，通过持续不断地强化，以使其内化，并最终变成孩子稳定的良好品质。

团队意识的培养是一个长期的过程，不要求一朝一夕，而要形成生活习惯。

孩子报复心强

孩子和别人闹矛盾后总是耿耿于怀，觉得自己的自尊心受到了伤害，总想找机会报复对方。孩子造谣伤害过对方，还写过恐吓信，给对方的正常学习和生活造成了很大影响。对这样的孩子，我们家长该怎么办呢？

一般人都有一些报复心的，不过一般人的报复心表现得不是很明显，或者一般没有公开的报复行为。报复心强的人往往心胸狭窄、嫉妒心强，而且有很强的虚荣心。

青春期孩子身心发展不成熟，遇到矛盾不知道该如何正确处理，受某些社会环境的不良影响，很有可能使用报复的社交手段，家长需要重视并且正确引导。

■ 教育良方：

学会反思

家长要教导孩子在遇到伤害的时候，思考他人伤害自己的原因，然后心平气和地与之沟通，尽量讲道理、和平解决问题，当然，必要条件下可以向父母、老师求助。同时，要教育孩子学会预判行为后果，报复行为是有危害的，让他多考虑报复的危害性，如果矛盾进一步激化，对方再来报复，又该怎么办？

理解孩子

当感觉到被攻击的时候，出于本能进行反击，这是人类的天性，也是报复循环如此普遍的原因。孩子有报复心或者报复行为，都是人之常情，是保护自己的一种方式。

家长示范

平时家长越是批评孩子，孩子就越是顶嘴，这是一种反抗，所以当我们感觉到孩子挑战我们的时候，不管是权力之争还是报复，都不要反击，需要更加心平气和。家长可以这样说"你现在一定受到了很大的伤害，爸爸可以理解"，然后跟进问题，保持和孩子沟通，可以说"当你感觉好受一些的时候，我们再来谈一谈这件事情吧！"

学会自保

报复可能是因为受到伤害，要想消除报复，不仅要自律自制，同时也要学会保护自己不受伤害，没有伤害就不会引发报复。教导孩子多锻炼身体，身强体壮才有自保的能力；多让孩子与朋辈一起玩耍，处理好人际关系，学会用柔和的手段与人相处。

增强自信

有的报复是通过战胜别人、降低自己的自卑程度，来维护自己的自尊，或者是渴望得到别人的关注。家长要想办法帮助孩子增强自信心，孩子自信心自尊心提升了，即便遇到一些麻烦，也无损他的内在自我价值，也就不会去报复别人。

孩子看色情图片

孩子上初中，为了让孩子更好地上网课，我就给孩子买了一台平板电脑，方便孩子学习，每天孩子按时上下课，我也就没留意什么。昨天平板坏了，我去维修，修好后发现平板里竟然有一些色情图片，这个平板就孩子自己使用，肯定是孩子自己偷偷看这些东西。我该怎么办才好呢？

家长无需过于恐慌、担心，孩子浏览色情图片，虽然不是健康的行为，但孩子到了青春期，对性是好奇的，这也算正常反应。耻于谈性、回避性话题、回避性教育，并不会减少孩子对性的好奇和关注，反而能引起孩子更大的兴趣。

孩子学习网课期间，偷偷浏览色情图片，正说明到了需要正常、大方的进行性教育的时候了。

■ 教育良方：

家长正常面对

家长的正确心态是对孩子科学性教育的前提。家长首先能树立正确的心态，不能一棍子打死，认为孩子浏览色情图片就是要流氓、就是低级下流、就是坏孩子，如果以这样的心态去教育孩子，孩子可能以后在性关系上会有障碍。每个人都是通过性来到世界，性是人类生活常态，青春期孩子关注性，是孩子成长到一定阶段的正常现象。

亲子坦诚谈性

父母和孩子要大大方方、十分坦诚的谈性的话题，这需要很大勇气，毕竟很多家长自己也没接受过系统的性教育，我们的文化很含蓄，不习惯正大光明的谈论性话题。越大方越坦诚越好，这也是降低孩子对性敏感的一种方式，通过坦诚讨论，让孩子意识到，原来这就是一件很平常的事情。

科学教育

色情图片不等于科学性知识，而且色情图片对人的诱惑比较大，不利于青春期孩子发育，必须明确告知孩子，哪些东西是可以接触，哪些是不可以看的。有时候孩子浏览色情图片或者看色情小说，一方面是自制力不强，一方面也是缺乏正规的性教育渠道。家长可以购买一些性教育书籍，供孩子学习。需要注意的是，所有给孩子的性教育书籍，家长自己要先看一遍，看看是否有不合适的内容。

设置绿色模式

有些平板电脑可以设置绿色模式，对色情网站、图片和小说会自动屏蔽，家长可以设置绿色模式，不让孩子接触不健康信息。

家长规范行为

父母在孩子面前不要过于亲热，尤其是夫妻的性生活千万不能让孩子看到，以免刺激孩子过多关注相关信息。

合理安排生活

上网课期间，有的孩子长期在卧室里学习，和在学校教室学习的氛围和感觉是不一样的，卧室是比较私密的空间，家庭条件允许的话可以设置专门的书房，书房就是工作学习的场所，和卧室是不同的感觉；家庭条件不具备的，也可以让孩子在客厅或者餐厅学习，减少孩子在私密空间独处的时间。同时，引导孩子合理安排学习时间，劳逸结合，抽空进行锻炼身体，在室内可以做俯卧撑、仰卧起坐，也可以在网上查询一些室内健身操，让孩子在运动中消耗释放一下能量。

孩子早恋

孩子上高三，帮她打扫房间时，发现了孩子收到的情书，看情况孩子和对方往来不是一时半会了，很担心这会影响孩子的学习，也害怕被人玩弄感情。该怎么办呢？

不建议家长使用"早恋"这个词语，其实孩子进入青春期，开始谈恋爱，是很正常的，古人十几岁就结婚了，现代人主要是因为需要完成学业，所以如果孩子考大学前谈恋爱，就称之为"早恋"。而十几岁的孩子对异性有了好感是正常的，家长可以重视，但也无需大惊小怪。

所谓的"早恋"，主要有以下几个原因：

1. 青春期荷尔蒙分泌，生物性的驱动，人会自然而然地吸引并追求异性。

2. 受某些爱情小说和影视作品影响。

3. 学习紧张，压力较大，异性间互相倾诉、寻求安慰。

4. 生活枯燥单调，寻找精神依托。

5. 家长给予压力过大，与家长缺乏有效沟通，从而在向同学倾诉的过程中寻求知己，对异性产生朦胧的好感。

6. 受周围风气的影响。

■ 教育良方：

理解孩子

家长要理解孩子在青春期生理及心理的一系列变化以及由此产生的各种现象和问题。当发现孩子恋爱时，没必要惊慌失措，建议先肯定孩子的感情，因为孩子如果爱上别人，说明孩子已经快要长大了；如果孩子被别人爱上，说明孩子身上有值得被欣赏的优点。

良好家教

良好的家庭教育对孩子的成长起到不可估量的作用，和谐的家庭教育应该是民主型的，孩子有充分的发言权，家长平等地与孩子沟通，共同探讨成长中的问题。溺爱型和放任型的家庭，孩子出现"早恋"的现象比较多，所以父母要努力营造一个和谐幸福的家庭，让孩子能够在家庭中得到关爱以及安全感。

冷静面对

孩子恋爱，无需过度放大其负面作用，家长在了解到孩子早恋的情况以后，要做到沉着冷静，不急躁训斥。如果家长恼怒、发火、气愤，千万不要发泄在孩子身上。家长也应该认识到，有些恋爱其实只不过是对异性的一点朦胧的好感罢了，如果狠劲打击，往往会适得其反，让孩子生出一种逆反心理，反倒容易做出过激的事情。

理智沟通

孩子得到家长理解后会十分开心，也就开启了亲子沟通之门，就可以了解孩子喜欢对方什么、对方喜欢自家孩子哪些方面，可以更好地了解孩子情感动态。

引导思考

家长不必告诉孩子，不该做什么、该做什么，说了孩子也未必听。家长可以给孩子提出几个比较尖锐的问题，让孩子自己思考，自主解决，比如感情和学业矛盾怎么处理？现在和未来发展的矛盾怎么处理？两人性格、价值观是否匹配？现在在一起，如果过段时间分开了，可否承受这个打击？

孩子考试压力过大

孩子上高中二年级，学习很紧张，周末连玩都不玩，一直在学习，每次考试时，自己都会很紧张，这么努力学习，这两次考试，成绩不但没有进步，还退步几名。怎么帮助孩子缓解考试的太大压力呢？

先看压力来源在哪里，是作业没有按时完成，还是上课的知识没有学懂，或是要考试的内容还未明白，抑或是周末的补习培训让身心吃不消，还是家长给的压力太大。

除了自身学习方面，孩子的压力很多来自家庭，虽然家长并没有明确提出要求，要求孩子必须考试成绩多少分，但我们对孩子学习的重视，孩子会感受到的。

■ 教育良方：

目标合理

压力的产生往往多数是过高的期待所导致，这种期待一方面可能来于家长和老师，另一方面可能来于学生自己。根据自己的能力制定出合理的学习目标，合适自己的目标就是最好的。

合理宣泄

面对学习考试压力大，不少家长都会说"再忍忍，也就辛苦这两三年，上了大学就好了。"用压抑或者忽视来对待过大的压力是最不可取的方法，压力长期积压后的爆发往往更加无法收拾。压力较大时，可以找朋友、同学聊天，也可参加一些文体活动，特别是跑步，能为自己的焦虑情绪找一个出口，使其得以宣泄，从而达到稳定情绪的作用。

减少压力

一个有上进心的学生，不用家长施压，自己就给了自己很大的压力，那家长就不要给孩子过多压力，反而要以鼓励孩子放松心情为主。如果孩子考试失利，不要责怪孩子，而是先安慰孩子。孩子学习最大的动力不是压力而是感受到父母的爱。

正视考试

引导孩子正确看待考试的意义，不要过分把个人前途和一两次考试的结果联系起来。要引导孩子把考试结果看淡，重视学习本身，越是担心考试结果，往往越不容易考出好成绩。孩子以理性的态度去看待考试，心情自然就会放松，轻松高效学习，反而学习效果会更好。

放松训练

让孩子学会放松训练，压力大时，孩子就可以自我放松。

首先从双手开始，然后是双臂、脚、下肢，最后是头部和躯干（稍停一会儿）。

第一步：深深地吸进一口气，保持一会，再保持一会（约10秒）。好，请慢慢把气呼出来，慢慢把气呼出来（停一会儿）。现在我们再做一次。请你深深地吸进一口气，保持一会儿，再保持一会儿（约10秒）。好，请慢慢把气呼出来，慢慢把气呼出来（停一会儿）。

第二步：伸出你的前臂，握紧拳头，用力握紧，注意你手的紧张感觉（约10秒）。好，请放松，完全放松你的双手，体验放松后的感觉。你可能会感到放松和温暖。

第三步：弯曲你的双臂，用力弯曲，绷紧双臂的肌肉，保持一会儿，感受双臂肌肉的紧张（约10秒）。好，放松，完全放松双臂，体会放松后的感受，注意这些感觉（停一会儿）。我们再做一次（同上）。

第四步：现在，开始练习放松双脚（停5秒）。绷紧你的双脚，用脚趾抓紧地面，用力抓紧；用力，保持一会儿，再保持一会儿（约10秒）。好，放松，完全放松（停一会儿）。我们再做一次（同上）。

第五步：放松小腿的肌肉（停5秒）。请你将脚尖用劲向上翘，脚跟向下，紧压地面，绷紧小腿的肌肉，保持一会儿，再保持一会儿（停一会）。好，放松（停一会儿）。

第六步：现在，请注意大腿肌肉（停5秒）。请用脚跟向前向下压紧地面，绷紧大腿肌肉，保持一会儿，再保持一会儿（约10秒）。好，放松，完全放松（停一会儿）。我们再做一次（同上）。

第七步：现在，注意头部肌肉（停5秒）。请绷紧额头的肌肉，皱紧额头，皱紧额头，保持一会，再保持一会（约10秒）。好，放松，完全放松（停一会儿）。现在，请紧闭双眼，用力紧闭双眼，保持一会儿，再保持一会儿（约10秒）。好，放松，完全放松（停一会儿）。现在，转动你的眼球，从上，到左，到下，到右，加快速度；好，现在朝相反的方向转动眼球，加快速度；好，停下来，放松，完全放松（停一会儿）。现在，用舌头顶住上腭，用劲上顶，保持一会儿，再保持一会儿（约10秒）。好，放松，完全放松（停一会儿）。现在，请用力把头向后靠紧沙发，用力压紧，用力，保持一会儿，再保持一会儿（约10秒）。好，放松，完全放松（停一会儿）。我们再做一遍（同上）。

第八步：现在，请注意躯干的肌肉群（停5秒）。好，请你往后扩展双肩，用力往后扩展，保持一会儿，再保持一会儿（约10秒）。好，放松，完全放松（停一会儿）。我们再做一次（同上）。

第九步：现在，向上提起你的双肩，尽量使双肩接近你的耳垂，用力上提双肩，保持一会儿，再保持一会儿（约10秒）。好，放松，完全放松（停一会儿）。我们再做一次（同上）。

第十步：现在，向内合紧你的双肩，用力合紧双肩，用力，保持一会儿，再保持一会儿（约10秒）。好，放松，完全放松（停一会儿）。

第十一步：现在，请抬起你的双腿，向上抬起双腿，弯曲你的腰，用力弯曲腰部，用力，保持一会儿，再保持一会儿（约10秒）。好，放松，完全放松（停一会儿）。我们再做一次（同上）。

第十二步：现在，紧张臀部肌肉，上提会阴，用力上提，用力，保持一会儿，再保持一会儿（停一会儿）。好，放松，完全放松。我们再做一次（同上）。

休息2分钟，再从头做一遍。

孩子抽烟/喝酒

别人的孩子上中学，有的就比较叛逆，我家孩子一向很乖，这是我一直很自豪的地方。可上周洗衣服的时候，发现孩子衣服里有半盒烟，还有打火机，问孩子，他说是别人放他这里的。这周末去步行街买东西，竟然发现孩子和他几个同学逛街，还都抽着烟。这么乖的孩子怎么这样了呢，不但抽烟，还欺骗家长。

孩子青春期抽烟，不仅是行为问题，更折射出孩子在这个阶段的心理情况。青春期，孩子会叛逆，会做出一些与众不同的事情证明他了不起，做出一些和父母教导不同的事情来证明他长大了。青少年抽烟，还有从众模仿、出于好奇、社交需要、追求"时髦"等影响，也有青少年不仅抽烟，还喝酒，其实大致原因和解决方法都类似。

■ 教育良方：

以身作则

孩子会有意识地模仿家长或者周围伙伴的行为，如果家长一方面教育孩子改掉不良嗜好，一方面自己又不改正，很难给孩子起到正确的引导作用，孩子还感觉不理解，为什么你们可以这样，却不允许我这样？为什么你自己都抽烟，还告诉我抽烟有害健康？

引导认知

教会孩子分清真善美丑，让孩子认识到模仿这些不良的行为确实可以吸引他人的目光，但有些目光不是赞许，而是厌恶。要让孩子真正理解成熟的含义，不是单纯模仿成人的一些行为，单纯认为这样会使自己看起来更成熟，成熟更应该体现在健康思想和健康行为上。

改善关系

良好的亲子关系是避免孩子出现各种心理或行为问题的根源，父母在孩子青春期，要多与孩子沟通交流，多关心、理解、支持，引导孩子以健康的方式排解情绪、正确交友。

耐心包容

如果孩子已经开始吸烟，家长要多些耐心，不能揍一顿训斥一顿了事。青春期的孩子内心是很矛盾的，一方面他渴望自由，反对父母管教自己，但另一方面他又特别渴望被理解、被在乎、被关心。父母多些关心，孩子可能就减少些偏差行为。青春期孩子刚开始抽烟，也没什么烟瘾，只要父母耐心教育，相信孩子是可以控制自己减少吸烟或者戒烟，至少要求孩子在学校不要吸烟。

孩子疯狂追星

最近，上初二的孩子无可救药地迷恋上了一个偶像团体，孩子的房间里，到处都是他们的照片，周末回到家就看他们的相关节目或者电视剧，还会滔滔不绝地和妈妈说很多明星的事情。妈妈不禁担心孩子是不是已经有点过头了，要不要阻止孩子追星？

时代的发展、科技的进步，明星出现在孩子视野中频率大大增加。作为父母，对待孩子追星，不可强制阻止，也不可任其发展。

孩子追星，要一分为二地看待，过度追星会影响孩子学习、生活，也可能有些明星会影响孩子价值观的形成，同时我们也要看到孩子追星是希望自己闪亮，希望自己能像偶像那样闪闪发光，这个动机正是促进孩子成长的有利资源。

■ 教育良方：

理解孩子

崇拜偶像是人的天性，孩子追星只不过是对天性的一种释放，是孩子成长中的必然现象。孩子开始追星，说明孩子已经朝着社会发展、逐渐社会化，这对孩子的成长是非常有意义的。孩子疯狂追星会影响正常的生活与学习，但家长要认识到，"追星"并不是万恶之源，其实它只是问题的导火索，将以往孩子成长中的问题引爆了。

正确"追星"

凡事讲求适度原则，一旦过了头就不好。青春期孩子，性格天真、单纯、易冲动，面对喜欢的明星，多少会有些不理智，作为父母，可以经常和孩子谈谈他的偶像，去了解孩子所追的明星的品质，适时地发表一下自己对明星的看法，慢慢地引导孩子去理性和适度的崇拜。

陪伴追星

不妨试试陪孩子一起追星，陪孩子一起去买他喜欢偶像的海报，一起看他偶像的节目表演，一起交流讨论他偶像的成名之路，如果经济条件允许的话，可以带孩子去看一场他偶像的演唱会。如果父母能这么做，孩子就会把父母当成知音，密切和父母的关系，同样，父母的话孩子也才能更加听进心里。

崇拜转化

孩子有喜欢的偶像是一件美好的事情，因为偶像代表着孩子美好的梦想，寄托着对未来的憧憬，是孩子对榜样的认同和学习，青少年往往把明星当作他们心灵的寄托，希望未来自己可以跟他们一样优秀。孩子的这些想法就是激励他们奋发的资源，激励孩子更加努力学习，明星成名背后也是需要不断奋斗的，甚至比学习更辛苦。

控制消费

孩子追星可能不太理智，金钱给得太多，孩子就投入得越来越多，从一开始就控制好孩子的消费支出，给予孩子一定范围内的零用钱，而且告诉孩子，追求自己喜欢的东西要靠自己，追求自己喜欢的明星就要凭自己的能力去追星。

孩子有自残行为

女儿初二，因为违反纪律被老师骂了一顿，下课后同学们也议论她，她就割腕且割了很多道子，后来被学校老师送入医院。我也为孩子头疼，虽然是个女孩子，却经常调皮，也打骂过孩子，可从来没想过孩子这么极端，竟然这样做。我都不知道以后该怎么办了。

导致孩子自我伤害的原因有以下几点：

1.人际关系障碍。如果孩子与周围的人能和谐相处，就比较容易找到倾诉的对象，有压力也能得到充分支持；而人际关系有障碍，一般是家庭关系不良，孩子从家庭中没有学习到如何与人相处。

2.生活压力过大。家庭经济基础太差，或者重要亲人离世等，生活环境恶劣，孩子压力太大，比较悲观。

3.情感虐待。孩子是需要关爱的，在没有足够关爱下成长的孩子，是缺爱的，是自卑的，是容易走向自虐之路的。有的父母对孩子漠不关心，也有的父母习惯用批评指责否定的方式教育孩子，孩子感觉不受重视，自己没有存在价值。孩子有愤怒，但无法表达，就采取向内攻击，也就是攻击自己的方式来发泄不良情绪；或者用这种方式引起其他人重视，寻求关爱。

■ 教育良方：

耐心沟通

孩子之所以会自残，其背后一定潜藏着许多原因，家长必须耐心与孩子沟通。当然，家长不要用质问的口吻去询问孩子，这样不但不会令孩子愿意和我们沟通，还会加深对孩子的伤害。

表达情感

孩子有负面情绪感受却无法有效表达，才会出现这种极端行为，所以教会孩子正确的表达心中的情感是非常重要的，比如有不满可以直接告诉父母，也可以寻求专业心理辅导。

压力适度

家长不要给孩子制造过重的压力，避免只用分数衡量孩子的教育方式，孩子的成绩表现不好，不要讽刺挖苦；孩子的行为表现不好，要坚决纠正，但也要有所关爱。

情绪包容

家长要做孩子的情绪容器，能够承载孩子足够多的负面情绪，同时传导给孩子足够多的正面能量。

孩子容易消极负面

孩子看问题容易消极负面，总是关注事情的消极面，有时候就难免情绪低落，担心孩子以后对社会、对生活灰心丧气。怎么样才能扭转孩子思维方式呢？

孩子看问题容易消极负面的原因主要有：一是对学习或生活定的目标高，自我要求高，苛求完美，自己力有未逮；二是生活的人际环境缺乏正能量，孩子缺乏相应的人际支持，得不到关爱、理解和支持；三是身边的重要他人尤其是父母的思维方式不够积极正面。

■ 教育良方：

正向引导

培养孩子注意人们积极阳光的一面，生活中不是没有美，而是缺少发现，让孩子不断去注意正面、正向的地方，久而久之，孩子就形成正向思维。同时让孩子多结交积极乐观的朋友，家长自身也要多关注正面积极的地方，帮助孩子塑造一个积极正向的生活氛围。

鼓励孩子

孩子关注消极负面，做事情就容易缺乏自信和动力。告知孩子"一起试试"，父母和孩子一起面对，进行多种尝试，给孩子希望，鼓励孩子可以继续努力。

允许失败

孩子关注消极负面，有时是害怕失败的一种表现，事情还没开始进行，就已经发现了这么多问题，所以"不是我不行，而是负面的因素太多"，孩子可能会用这种思维来逃避责任。多给孩子一些试错的空间，允许尝试，允许失败，孩子压力减轻，心灵自由，就会关注更多积极因素。

多行善事

带孩子去做好事，做好事的付出行为，也会带来心灵快乐，这样能够让孩子的心理处于平衡状态。生活中阳光和阴影同时存在，内心温暖了，就会关注光明和正向多一些。

孩子容易焦虑

> 孩子一到考试，尤其是联考、模拟考等比较正式的考试就特别紧张，患得患失，还没开始考试，就很焦虑，甚至还影响睡眠。怎么帮助孩子减少焦虑呢？

情绪是一股能量，焦虑的孩子，他的能量是萎缩的、向内收缩的，难以舒展，这种低能量状态下孩子很难高效地做事情，也很难更有质量的生活。

正如神经语言程序学（NLP）所讲，先处理心情，再处理事情。想让孩子生活更好，就要先帮助孩子处理疏导负面情绪。

■ 教育良方：

包容孩子

父母要成为孩子的"情绪容器"，而非给孩子讲大道理。在给孩子讲大道理之前，父母应该先平复孩子的情绪，接纳孩子的一切情绪，让孩子感受到在父母这里是安全的。

倾听孩子

父母要主动地与孩子沟通，并且认真地倾听孩子，让孩子诉说自己的感受。在听孩子说话时，就是只是听，不能一边听一边看手机或者做其他事情。如果一边听一边做其他事情，孩子会认为，父母根本就不关心他，自己在父母的心里没分量，孩子的紧张焦虑情绪反而会更加激烈。

允许发泄

允许孩子发泄情绪，情绪发泄出来，能量释放了，就不会形成心理创伤。当孩子有情绪时，父母应该想着如何帮助孩子把情绪发泄出来，孩子把情绪憋在心里，这会影响孩子的心理健康。对于性格不同的孩子，父母可以采取不同的手段，带孩子去做自己喜欢的事情、带孩子出去运动等，据孩子的性格与兴趣爱好，制定适宜的发泄方法。

减少压力

焦虑的孩子背后一定有一个焦虑或者严格要求的家长，孩子担心达不到父母的期望，就会很紧张很焦虑。焦虑的孩子是知道追求进步的，不然就不会为此忧心忡忡，所以家长要根据自家孩子情况，适当降低期望值，多关注孩子的努力过程、少关注结果，只要孩子努力了，结果就会顺其自然。

如何教导孩子预防性骚扰/猥亵

> 最近看到新闻报道，不少地方都有留守儿童被性骚扰、性猥亵，甚至有些孩子还是被老师或者被附近邻居伤害，感到非常震惊。虽然我的孩子不是留守儿童，也想对孩子进行相关的预防教育，能否给一些建议？

> 其实，性骚扰和猥亵距离我们并不遥远，尤其是留守儿童，一方面因为不懂得，另一方面父母也没有教给他们如何去保护自己身体的方法，近年来新闻曝光留守儿童被性骚扰、性猥亵时有发生。
>
> 中国文化中"谈性色变"，这是一个很不好的观念，"性"和每个人都有关系，性教育对青少年儿童更是必需。出人意料的是，孩子被猥亵，熟人下手更多，陌生人反而比较少，这是值得家长多加留意的。

■ 教育良方：

预防教育

给孩子做好性教育，性教育要在孩子上幼儿园时就开始，因为上幼儿园开始接触到外界。要告知孩子小内裤覆盖的地方是别人不能碰的，老师等任何人也不能脱掉小内裤有身体接触等。如果幼儿园时期没有进行教育，那么在孩子上初中之前都应该给予正式的提醒。

同性教育

从3岁起，异性父母不要再跟孩子一起洗澡，让孩子自己学会洗澡，或者由同性家长帮助。虽然性骚扰和性猥亵也有同性之间，但更多的是异性之间，让孩子从家庭开始知道男女有别。

掌握距离

尽量不要让别人把孩子带离到我们的视线以外，哪怕是熟悉的朋友或者同事。不是说要把人性想得多么黑暗，但是万一有不好的事情发生，对孩子的影响将是非常大的，所以作为父母一定要意识到这一点：性骚扰和猥亵往往就发生在身边，而且以熟人下手居多。

男孩教育

不少家长有个误区，认为男孩子不需要做防范教育，其实男孩子被性骚扰的同样不少，性教育不分性别，男孩女孩都要进行教育。

父母陪伴

对幼儿和小学生，父母要尽量接送，和孩子建立安全的亲子关系，这样孩子有事情才会敢和父母沟通。

生命第一

有些传统观念把初次性行为等于人的贞节，这是对人权的蔑视和歪曲。让孩子知道生命第一，如果意外发生，首先要珍惜生命，父母要无条件的保护、支持、理解孩子，千万不可再嘲讽、羞辱，让孩子遭受心灵的"二次伤害"。